汉 语 知 识 丛 书

同义词语和反义词语

刘叔新　周 荐 著

商务印书馆
创于1897 The Commercial Press

图书在版编目(CIP)数据

同义词语和反义词语/刘叔新,周荐.—北京:商务印书馆,1992.12(2022.10重印)
(汉语知识丛书)
ISBN 978-7-100-00925-6

Ⅰ.①同… Ⅱ.①刘… ②周… Ⅲ.①汉语—同义语—现代 ②汉语—反义词—现代 Ⅳ.①H136.2

中国版本图书馆CIP数据核字(2000)第28586号

汉语知识丛书
TÓNGYÌCÍYǓ HÉ FǍNYÌCÍYǓ
同义词语和反义词语
刘叔新 周 荐

商 务 印 书 馆 出 版
(北京王府井大街36号 邮政编码100710)
商 务 印 书 馆 发 行
北京虎彩文化传播有限公司印刷
ISBN 978-7-100-00925-6

1992年12月第1版 开本787×1092 1/32
2022年10月北京第4次印刷 印张4¾
定价:38.00元

目　　录

第一部分　导论

1. 同义关系和反义关系都形成结构组织

1.1　同义词语和反义词语是语言词汇中最常接触到的大量词语结构组织。

人们在用词当中，都比较熟悉所谓同义词和反义词，这不是偶然的。一方面由于有这类关系的词确实相当的多，说话或写作，很容易就碰上。另一方面，这些词是说话或写作时经常要选用的，以便使话语说得（或写得）贴切、得体。

因此，在词汇学的一般教本和多数论著中，都侧重于或比较多地论述或研究同义词或反义词，也出现了这两方面的一些辞书。

其实，词汇中的词语之间存在一定结构关系的组织，种类繁多，复杂而丰富，远不止同义的和反义的两种。[①] 而词语的结构组织，无论对于词语的实际运用来说，还是对于词汇内部的深入研究来说，都是异常重要的。

但是同义词语和反义词语，在词汇的众多结构组织中，不仅最显著和有用，而且在数量上也占有突出的地位。

同义词语和反义词语都分别形成结构组织。这是一般人体会不到的，有的研究者也未予承认。了解同义词语或反义词

① 参看刘叔新《汉语描写语汇学》（重排本），商务印书馆，2005 年。

语都是一种结构组织，极为重要。同义词语、反义词语的性质、范围及其内部关系的特点等，都只有在结构组织的背景和条件下，才能正确认识和很好地掌握。如果同义的或反义的词语单位之间，仅仅被看成一种意义上松弛的联系，它们并不分别形成有结构关系的组织，那就不可能充分发挥同义词语和反义词语在语言运用中的巨大作用；当然，也不可能使词汇的研究深入发展。

1.2　人们容易以一般句法结构为模式来评估词汇当中的成员组织情况，会以为词汇中不存在结构关系，也就是不可能有什么结构组织，诸如同义词语之间、反义词语之间，都不存在结构关系。这种看法是对结构关系有所误解，或至少对结构组织理解得过于狭窄。

语言中的不同单位，只要互有影响作用或互相因应而彼此关联一起，就产生结构关系，形成一个结构组织。这有两种情形。不同的语言单位若依时间上的先后，衔接组合，彼此互有影响作用的，是线性组合的结构组织。句法的各结构，比如“主语——谓语”或“名词——动词——名词”，就是典型的线性结构。每个句法结构单位都是一种结构组织。不同的语言单位若不按时间的先后排列，而是彼此同时关联在一起，彼此互有影响作用或互相因应，形成的就是聚合性的结构组织。前一类结构组织，有时间上紧相衔接的组合形态，其结构性和组织性，自然相当明显而不会有任何疑问。后一类结构组织，其结构关联诚然缺乏明显的表现形态，但是也不能否认其一定的结构性和由其结构所造成的稳定组织性。词汇中的结构组织，绝大多数就是这种不那么显豁的聚合结构组织。

同义词语之间，反义词语之间，都分别存在着聚合的结构关系，各自形成不同的结构组织。这是对词语间的同义关系和反义关系的一种极为重要的基本认识。

在语法的词法部分，同一种语法范畴的各种语法意义的表示手段之间，同样存在着聚合的结构关系，从而它们也形成一种结构组织。比如现代汉语表示“体(aspect)”范畴各种语法意义的“了”“着”“过”“起”“上”“来”“去”“起来”“下去”“下来”“过来”“过去”等，就成为一种聚合性的结构组；英语“-ing”“have——-ed/-en”“have been——-ing”和“零形式”，同样构成了聚合性的体范畴的结构组。这样的结构组织都为大家所承认。同义词语之间、反义词语之间所分别存在的结构关系，以及彼此相应形成的结构组，在聚合结构的基本性质上，同上述词法形态结构组织是一致的，只不过彼此的关系是词汇性的而非语法性的罢了。因此，对于具有同义关系及具有反义关系的词语都分别构成结构组织这一事实，不应有任何怀疑。

至于词汇中的基本词汇与一般词汇，古词语和新词语，外来词和方言来源词，常用词语和非常用词语，专门用语和专名词语，单音词、双音词和多音词，植物名和动物名，衣物名和食物名等等，这些依历史长短、来源情况、使用范围或普遍性程度、音节形式、意义范畴而划分的词语类集，相互之间虽可能有某种彼此对比或对立的关联，却根本不存在语言词汇本身的结构关系；同一类集内的词语之间，也无必然的结构关系。它们和同义词语、反义词语是不能相提并论的。

2. 同义词语和反义词语研究分析的目的和基本方法

2.1　从理论方面看，研究分析同义词语和反义词语，不仅是为了弄清词语同义关系和反义关系的性质、条件、范围，弄清这两种结构组织各自的特点和彼此的关联，而且也为了可以给系统地描写语言词汇中其他的各种结构组织提供模式或借鉴，开出路子。

许久以来，关于同义词或同义现象的理解分歧很大，许多问题可以说是若明若暗的。不对这两方面作全面、深入的研究分析，对它们的认识就会停留在比较表面、简单、模糊甚至混乱的状况之中，而词汇学和词汇语义学的研究自然也会受到严重影响而难以向前推进。更进一层说，必须接触和分析语言中大量同义平行手段的风格学，以及强调恰当选用词语手段的修辞学，都不能不大量应用同义词语和反义词语的研究成果。只有展开这两方面的研究分析，才能给风格学、修辞学提供必要的素材和理论基础。

从实践方面看，深入研究同义词语和反义词语的现象，是为了有助于提高民族的语文水平，提高语文教育的质量，这是不言自明的。更为直接而明显的目的，是促进和改善同义词词典和反义词词典的编纂工作。这两类词典，若缺乏对同义词语和反义词语的深入研究和分析，不可能具有科学的质量和较大的实用价值。就是一般语文词典的释义，要力求做到准确、完善，同义词语、反义词语的研究也是极有帮助而不可缺少的。

2.2　这种研究除了采用归纳法和局部使用演绎法等一般科学方法之外，须要着重于作意义成分或义素的分析，特别要求将类似而异质的单位作严格的比较，从比较中确定同义词语、反义词语的性质和范围。

语言学从整体来说，不能算验证的科学。对于语言单位意义的分析，更不易有客观的实证，从而难以避免主观色彩。为了尽可能增强客观性，使主观性减低到最低程度，除了严格尊重语言事实，从确实可靠的材料本身得出结论之外，将力图适当地作形式化的或图表、公式的分析。

由于词汇成员或词汇意义方面的研究，总以集中观察、分析一种语言的材料而较能取得功效，本书就只以汉语的同义词语、反义词语作为研究的对象，特别是一般多取材于现代汉语。

第二部分　同义词语

3. 同义词和同义组

3.1　对语言词汇单位的同义现象成系统的研究，在我国始于本世纪中叶。一开始，人们所要解决的，就是同义词的性质问题。究竟什么是同义词？词的意义之间的关系达到了怎样“同”的地步，才算有同义关系？

50年代，同义词研究的水平不高，对同义词性质的认识也还处于初始阶段。比较有代表性的一种意见是，“只要意义近似，也就可以属于同义词”①。把意义近似作为词与词之间建立同义关系的依据，这种观点为不少人所附和。稍后，即有学者把“拉、背、牵、拽、扯、拽、抽、拔、拖”等词作为一组同义词来分析②，把“看、瞧、瞅、视、瞜、见、看见、看到、睹”等六七十个有“看”义的词分析作同义词③。这种观点直到70年代末④、80年代初⑤仍有人重复，可见影响之大。更有人干脆认为，《尔雅》“就是按意义来分类的，把具有共同意义的词排列在一起，以最后一字作为这些具有共同意义的词的词义核心，通解全

① 张世禄《词义和词性的关系》，《语文学习》1956年7月号。

② 见魏建功《同义词和反义词》，《语文学习》1956年9月号。

③ 见高庆赐《同义词和反义词》，第2—3页，新知识出版社，1957年。

④ 见蔚群、濮侃《同义词及其辨析法》，《山西师院学报》1979年第3期。

⑤ 见孙汝建《同义词说略》，《语言文学》1982年第2期。

列”[1]，简直就把《尔雅》（甚至还包括《广雅》《释名》）看成是同义词词典了[2]。以上这些学者，把意义只稍稍接近的词都看作同义词。他们的观点可以称作义近说[3]。

与义近说相反，国内外另有一些学者认为，同义词“是意义相同的两个或更多的词”[4]，它们“意义完全相同”[5]，是“具有同样意义的词”[6]。在这种认识的作用下，这些学者把同义词的范围定得很窄，往往只把意义相等的词视为同义词。他们的观点可以称作义同说。

以上两种观点是否正确，姑且不论。下面，我们先举两组词语看一看

A组

a. 爸——爸爸

妈——妈妈

---

① 叶根祥《试论词的同义现象》、《语言学和语言教学》第83页，安徽教育出版社，1984年。

② 《尔雅》等书严格地说只是类义词典。如《尔雅·释诂第一》：“娠，蠢、震、戁、妯、骚、感、讹、蹶，动也”。“娠”通“震”。《说文·女部》：“娠，女妊身动也”。“蠢”，昆虫爬动，引申为骚乱、动乱。《方言》十三：“蠢，作也”。郭璞注：“谓动作也”。“戁”，恐惧。《诗经·商颂·长发》：“不戁不竦，百禄是总”。“妯”，激动，不平静、《方言》六：“妯，扰也。人不静曰妯”。“骚”，骚乱，动乱。《国语·郑语》：“王室方骚”。“讹”通“吪”。行动，移动。《诗经·小雅·无羊》：“或降于阿，或饮于池，或寝或讹”。表示人怀孕身动，情绪波动，动物爬动，形势动荡，事物移动等的词，并不具有语言词汇的同义关系，而只在意义的某一点上相类似。参看徐朝华《尔雅今注》第63页，南开大学出版社，1987年。

③ 参见世晓、月明《同义词研究中的若干问题》，《语文导报》1986年第10期。

④ 王了一《语文知识》，《语文学习》1953年第8期。

⑤ 瓌一《谈同义词》，《语文学习》1953年第8期。

⑥ Mario A.Pei 和 Frank Gaynor 合编的 A Dictionary of Linguistics, 1954，纽约。

b. 觉察——察觉

力气——气力

c. 机枪——机关枪

果酱——果子酱

d. 中共——中国共产党

共青团——共产主义青年团

B 组

e. 斗胆——大胆

人间——人世——人寰

f. 目击——目睹

过程——进程——历程

g. 楷模——表率

浪迹——漂泊——流浪

A 组词语，意义本身没有任何差异。它们无论理性意义还是感性意义都无不同，而只是在词语的构成上呈现某种差异。B 组单位，或理性意义完全一致，而只在感性的表达色彩上微有差异，或理性意义不完全一样，抽象反映同一对象的性质特点相互有异，或理性意义和表达色彩都有些微不同。[①] 以上 A、B 两组词语，就是我们说的同义词语。同义词语由于在所指事物对象同一的前提下分为如上两大类，因此，它们是彼此意义相等或基本相同的词语单位。义同说忽略了同义单位中大量的同中有异的成分，而这“异”，恰恰是它们彼此对立、相互映照的特异之处，是其价值所在。因此，义同说提出之后，很快就销

① 参看刘叔新《同义词与近义词的划分》，《语言研究论丛》，天津人民出版社，1980 年。

声匿迹，没有什么人继续坚持。而义近说则把同义单位这种在语言词汇中结构严整、组织性极强的聚合体，同意义上一般地相接近的词语现象混淆起来，导致后来的一些人把同义词看成是“等义词＋近义词”。这是后面要细述的问题，此处暂先搁下不论。

3.2 若干年来，学术界对语言词汇同义单位的笼统理解和模糊认识，不仅表现在对同义现象性质的认定上，而且也表现在对同义单位范围的确定上。语言词汇中除了词以外，还有为数不少被称作“固定语”的单位[①]。同义现象不光出现在词中，在固定语上也有同样的表现。同义词只是语言词汇中同义现象的一种单位。过去，一些学者在论及同义词的问题时，顺便谈到了固定语的同义现象，如，60年代中期有人提出同义成语的问题，指出，“成语之间的同义现象，应当属于词汇单位同义现象之列”[②]。这一观点70年代末被人接受并敷衍成文章[③]。80年代初，有学者指出，“同义词组是词汇中的结构组织。它还可扩大为包括有同义固定语在内的同义组（如‘顺利——顺遂——顺当——顺手——一帆风顺’）”[④]，把同义关系推进一步，扩大到词与固定语之间，并首次提出“同义组”的概念。但是，所有这些学者都还没有把他们专门而系统地研究由同

---

① 见刘叔新《固定语及其类别》，《语言研究论丛》第2辑，天津人民出版社，1982年。

② 张志毅《确定同义词的几个基本观点》，《吉林师大学报》1965年第1期。

③ 见吴越《同义成语的来源与辨析》，《天津师院学报》1978年第4期。

④ 刘叔新《同义词与近义词的划分》，《语言研究论丛》，天津人民出版社，1980年。

义词语构成的同义组的成果发表出来[①]，因此，有必要在这里加以阐述和论证。

从实际情况看，大量的固定语存在着同义关系的事实，是不容置疑的。例如：

① 北京真是人海，情形可大不相同了，单是羊肉铺就触目皆是。

（鲁迅《华盖集续编·一点比喻》）

② 真的，并不是不能克服的。但要看我们拿什么东西去克服它。这东西也是俯拾即是的。

（郭沫若《虎符》）

③ 但到了嘉靖间，唐人底传奇小说盛行起来了，从此模仿者又在在皆是……

（鲁迅《中国小说史略》）

④ 我女界同胞多半不从实际着想……而因此失身于恶棍，终于痛苦者比比皆是。

（《韬奋文集》第一卷）

例①中的“触目皆是”、例②中的“俯拾即是”、例③中的“在在皆是”和例④中的“比比皆是”，都表示非常多的意思。“触目皆是”，强调目光所及之处都充满着，“俯拾即是”，强调伸手可得，“在在皆是”，强调所在之处都有，“比比皆是”强调一个接着一个，到处都是。“触目皆是”等四个固定语，在所指事物对象同一的前提下有些小的差异，它们是一组同义语。再如：

⑤ 戏园的收入竟能抵过学校的开支而有余，宜乎内部

① 刘叔新在其《汉语描写词汇学》一书中全面论述了语言词汇同义组的问题。

的组织有条不紊了。

（孙伏园《长安道上》）

⑥ 人们可以想像那里边一切都是井井有条的样子。

（李广田《废墟中》）

⑦ 我看你就很会说话，有条有理。

（丁玲《太阳照在桑干河上》）

⑧ 一位老爷常年出门在外为官，两三个媳妇把家政家务管理得井然有序……

（林语堂《中国人》）

例⑤中的“有条不紊”、例⑥中的“井井有条”、例⑦中的“有条有理”、例⑧中的“井然有序”，都表示条理分明、不紊乱。“有条不紊”强调整齐、有序而不乱，“井井有条”强调整齐而有条理，“有条有理”强调条理清楚，一丝不苟，“井然有序”强调很有次序的、整齐的样子。“有条不紊”等所指的对象一致，而在突出的方面又各有特点，这些固定语之间就存在着同义关系。

从同义关系来看，以及从同义单位的词汇功能、地位来看，同义词和同义语是一致的。它们都可为言语风格学提供同义平行手段，为人们的语言运用提供大量可供选择的单位。再从根本上看，无论是词与词构成的同义组，还是固定语与固定语构成的同义组，组内各单位的意义所指都是同一的。而当词与固定语一旦聚合为同义组，它们也可指同样的事物对象。例如：

⑨ 凡是他的短诗短文都很有味。

（郭沫若《历史人物》）

⑩ 我告诉你们一件有趣的新闻……

（庐隐《曼丽》）

⑪ 他边吃边说，滔滔不绝，连他舅父都听得津津有味。

（於梨华《傅家的儿女们》）

例⑨中的“有味”、例⑩中的“有趣”、例⑪中的“津津有味”，都表示有意思。“有味”着重表示值得回味，如同食物的有滋味；“有趣”强调生动，使人感兴趣；“津津有味”强调具体感受到趣味，如品尝到一般，有形象色彩。“有味、有趣、津津有味”是一组同义词语。再如：

⑫ 陈源教授的那些话，说得坏一点，就是“捏造事实”，故意挑拨别人对我的恶感……

（鲁迅《华盖集续编》）

⑬ 你离间我们齐、楚两国的邦交，好让秦国来奴役我们……

（郭沫若《屈原》）

⑭ 假使他是出身于疏远的，那就要多多接近一些，免使人从中作祟，挑拨离间。

（郭沫若《奴隶制时代》）

例⑫中的“挑拨”、例⑬中的“离间”、例⑭中的“挑拨离间”，都表示使产生距离、关系不睦。“挑拨”侧重表示挑动、拨弄是非，“离间”着重指明使关系由亲变疏的特点，“挑拨离间”兼有“挑拨”和“离间”的特点，语意略重。“挑拨、离间、挑拨离间”所指的对象相同，只是意义上存在侧重点不一致的细小差别，它们是一组同义词语。

从以上分析可以看出，语言词汇的同义现象除可发生在词与词之间，也可发生在固定语与固定语之间，以及词与固定语之间。固定语与固定语同义、词与固定语同义的现象，虽不如词与词同义的现象普遍，却也是大量存在的。由同类或不同类的词汇单位构成的同义组，组内的成员都是彼此间存在着同义关系的。下面，再分别举出一些例子看一看。

内幕——内情

热忱——热情

掩饰——粉饰

赞许——称许

住宿——歇宿——下榻

只身——单身——单个儿

支配——操纵——摆布——摆弄

下手——动手——入手——着手

以上是由词与词构成的同义词组。在同义词组中，a 词与 b 词或 c、d 等词有同义关系，b 词也与 a 词或 c、d 等词有同义关联；c、d 等词亦然。同义词组内的各词，彼此互为同义词。

流芳百世——万古流芳

胸无城府——胸无宿物

有勇无谋——暴虎冯河

未雨绸缪——防患于未然

心口不一——口是心非

全神贯注——聚精会神

名副其实——名实相符

有始有终——有头有尾

以上是由固定语与固定语构成的同义语组。同义语组内的各个固定语，彼此互为同义语。能够构成同义语组的词汇单位，不只是成语与成语；惯用语与惯用语，甚或成语与惯用语也可构成同义语组。惯用语与惯用语构成的同义语组，如“全神贯注——聚精会神”；成语与惯用语构成的同义语组，如“未雨绸缪——防患于未然”。而像“胸无城府——胸无宿物”这样的同义语组，则是由成语与成语构成的。

坚定——坚定不移

粗食——粗茶淡饭

无名——默默无闻

背运——不走运

野史——稗官野史

无关——风马牛不相及

干净——清洁——洁净——净——洁——一尘不染

井然——井然有序——井井有条——有条不紊——有条有理

以上是由词与固定语构成的同义词语组。同义词语组内的词是固定语的同义词，而固定语则是词的同义语，词与语互为同义词语。同义词语组，有由词与惯用语构成的，如“坚定——坚定不移”，也有由词与成语构成的，如“无关——风马牛不相及”。

由于语言词汇中存在着词与词、固定语与固定语、词与固定语这样三种同义关系，因此在讨论语言词汇的同义单位时，应该把它们全部考虑进来。在名称上，也不宜再统称它们为“同义词”。似乎可以用“同义词语”这个术语统指语言词汇中由这三种同义关系所维系的单位。但是，无论“同义词”、“同义语”或“同义词语”，它们都只是就某个或某些词语与另外的某个或某些词语有同义关系而言的；对于一个同义聚合体，即由有同义关系组合起来的词汇组织整体，用“同义词”“同义语”或“同义词语”来称说，都并不确切。为了更准确地称说语言词汇中因同义关联而凝聚在一起的结构组织，宜乎把它称作“同义组”。“同义组”这个名称大致可以反映出词汇同义单位是一个聚合结构的整体，而且这个整体内部的意义关系严整而独特，和组外其他词语之间的意义关系并不一样。那种不管同义的单位是词还是固定语，也不管是一个词语单位还是若干个词语单位依同义关系聚合起来的整体，都一概称作“同义词”，是不合适的。“同义词”的名称不能概括词与固定语，也不能概括词语同义聚合成的组织整体。它会使人产生这样的误解：语言词汇的同义关系只建立在词与词之间；词与固定语、固定语与固定语之间不存在同义关联。最终会导致一些人把语言词汇中两类同义单位之一的同义语以及词与词、词与语、语与语三种同义关系中的两种排除掉。“同义词”的名称也可能会使一些人误以为语言词汇中凡同义的单位都是词，混淆词和固定语的界限，模糊人们的认识，无益于语言词汇同义现象研究的深入和发展。

4. 如何确定同义词语或词语的同义关系

4.1　同义组是语言词汇中具有同义关系的一组词语组成的聚合体。处于一个同义组中的词语彼此间都具同义关系，而与组外的其他词汇成员没有这种意义关联。同义组具有封闭性，是一个封闭性的结构组织。同义组内各成员在意义所指相一致的前提下，各以其自身的细微特点相互对照，在意义的内涵上彼此制约。这就决定了同义组是一个内部同中有异，关系一致，而不与外部词语发生同种意义关联的聚合体，具有严整的内部结构。如何在实际语言中分辨同义词语，把它们以组为单位一个一个地确定下来，几十年来众说纷纭，引起较多争议。这一方面说明了学者们对语言词汇同义现象的摸索过程，一方面也显示出问题的复杂性。

50年代初期和中期关于语言词汇的同义单位是意义相同还是相近的争论之后，一些学者似乎感到从意义本身来找意义比较空泛，不易把握，于是，改从逻辑的角度，以概念作为判定词语同义与否的标准。较早提出概念标准的是苏联学者，认为"同义词中最主要的作用，就在于同义词能表达概念的种种不同意味"[①]。很快，这一观点在国内得到了响应，有人指出，"同义词是在同一概念内具有各种细微差别的词"[②]。60年代初，又有学者把这一观点加以发挥，明确地说，"同义词，正确地说，应该是概念相同但词义有所不同的词。同义词间意义的差别，不能大到概念的差别，只能是在同一概念的情况下的细微差别，或所谓'补充意味'的差别。例如感情色彩上的，风格上的，运用范围上的，等等……如果意义差别超出了一个概念的范围，那么它们的意义无论怎样'相近'，也不是同义词。"[③]此说一提出，即受到了普遍的批评。以概念作为判定同义词的标

① 布达哥夫《语言学概论》中译本，第36页，时代出版社，1958年。
② 崔复爰《现代汉语词义讲话》第76页，山东人民出版社，1958年。
③ 石安石《关于词义和概念》，《中国语文》1961年第8期。

准的致命弱点在于，第一，实词体现概念，虚词并不体现概念。同义词多由实词构成，但也有为数不少的虚词可以构成同义关联，如“和——跟——同——与”“不但——不仅”“也许——或许”“反而——反倒”“为了——为”“但是——可是——不过”等。以概念相同与否作为划分同义词与非同义词的标准，势必会把语言中的虚词同义词排斥在外，这是没有道理的。第二，不同的实词，只要意义相近，就可概括出一个共同的概念，如“钢笔”“毛笔”“铅笔”等都可表示书写工具的概念。但是，“钢笔”“毛笔”“铅笔”等只是意义一般地相接近，并不具有同义关系。反过来看，意义相同的一些实词，未始不可以分别升华出不同的概念，如“活路”“生路”是同义词，但是，前者可以升华出“为生活下去的办法”的概念，后者可以升华得“维持生存的途径”的概念。这表明，概念相同与否难以确定和检验，带有很大的主观性。同样两个词，表示什么概念，因概括的程度和角度不一而异。第三，概念说也会导致在同义词研究中忽略词汇体系的界限，把不同词汇系统的词，如不同语言，不同方言，不同历史时代的词当作真正意义上的同义词。这样就会使同义词体系芜杂不堪，实际上等于取消了同义词。概念说由于有这些弊病，很快就不再有人坚持了。学者们转回头来，又重新从意义的角度来认识语言词汇中的同义现象。

60年代以来，学术界已基本没有什么人再坚持义同说，争论的焦点已经由同义词是意义相同还是相近，转变到在语言词汇中的同义现象范围上是否把同义词与近义词划分开这样一个更带根本性的问题上来。

主张不区分同义词、近义词的学者认为：同义词＝等义词＋近义词。这一主张，承袭自50年代的义近说，它把人们一眼就能看出同义关系的一些词视为等义词，而把那些意义相近或差不多的词看作近义词，并把近义词当作同义词的主体部分。这种观点一度出现在一些语言学和现代汉语的基础教材中[①]，造成了不小的影响。有的学者在60年代初期提出与此不同的观点，把等义词、同义词与意义一般地相接近的词划分开来。他们发出疑问："究竟意义相近到什么程度，才能叫作同义词？"指出"意义相近的词未必都是同义词"，并且在等义词、同义词之外，提出一个"义近词"的概念，以与语言词汇中真正同义的单位相区别。[②]两年后，又有人指出，确定同义词，不能只根据它们"有一点共同的地方或某种关联（即所谓'有相近意义'）"，因为那样一来，"许许多多'近义词'就一齐涌进同义词的队伍"。[③]

这场争论尽管还是初步的，而且很快就因遽然而来的十年动乱停顿下来，但是，无疑使同义词的研究从50年代的水平上大大提高了一步，开始建立起同义词之间一定意义关系的观念，那种泛泛而含糊地谈意义相近的同义词学说受到了挑战。

70年代末，对同义词问题的讨论又重新展开。坚持"同义词＝等义词＋近义词"观点的人们，没有对反对此说的观点提

① 如：高名凯、石安石主编《语言学概论》，中华书局，1963年；胡裕树主编《现代汉语》，上海教育出版社，1962年。

② 王理嘉、侯学超《怎样确定同义词》，《语言学论丛》第5辑，商务印书馆，1963年。

③ 张志毅《确定同义词的几个基本观点》，《吉林师大学报》1965年第1期。

出任何异议，却仍承袭50年代一些学者的观点甚至所用过的例子，未有什么新意。[①] 而主张把同义现象和近义现象严格区分开来的学者，则从一个新的角度探讨了问题的实质，着力指出，“同义词是词汇组织性的一种表现”，“同义词组是词汇中的结构组织”，而“近义词并非词汇的一种组织结构”，“近义词及词与词的近义关联，不是词汇学的描写对象”。[②] 这从词汇结构组织上把语言词汇单位的同义现象和近义现象作了质的界定和划分，澄清了以往的一些模糊认识。紧接着，学者们以实践为基础，探讨了同义词词典编纂的一些理论问题和技术性的问题[③]，并先后推出两部词典[④]。至此，语言词汇同义单位的研究进入一个新的阶段。

80年代初期以后，一些学者虽然还没有放弃“近义词”的术语，但是，他们所谓的“近义词”的涵义已经开始发生变化。有的学者指出，近义词“在理性意义，色彩意义方面有着种种细微差别”[⑤]，给“近义词”这个概念加上了“细微差别”的条件限定。也有人明确表示，“近义词的‘近义’指的是基本意义大部分重合”，“基本意义小部分重合或者根本不沾边的不能算是近义词的‘近义’”。[⑥] 这些认识较之50年代一些学者的意见，

① 如蔚群、濮侃《同义词及其辨析法》，《山西师院学报》1979年第3期。

② 刘叔新《同义词和近义词的划分》，《语言研究论丛》，天津人民出版社，1980年。

③ 张志毅《同义词词典编纂法的几个问题》，《中国语文》1980年第5期，刘叔新《论同义词词典的编纂原则》，《辞书研究》1982年第1期。

④ 张志毅编著《简明同义词典》，上海辞书出版社，1981年，刘叔新主编《现代汉语同义词词典》，天津人民出版社，1987年。

⑤ 谢文庆《同义词》第4页，湖北人民出版社，1982年。

⑥ 梅立崇《试论同义词的性质和范围》，载《语言教学与研究》1988年第2期。

是有所进步的。但是，仅止于此，显然还远远不够。近义词既然也属于同义词，那么，它和那些意义上只是一般地相接近的词如何区分？二者究竟是本质上的不同，还是程度上的差别？如果是程度上的差异，那又该如何把握？换言之，怎样的差别才算“细微”的差别？什么样的重合才叫“大部分”重合或“小部分”重合？很明显，这些问题不能回答或解决，很容易使研究走入困境。事实上，有些学者的研究，已经证明了这一点。他们在表示了“近义就‘近’在共有这‘大同’意义之外，又有‘小异’，意义上和用法上的一定差别”之后，又说，“一个词和它近义词所辗转联系的近义词间，可能不再是近义词。如‘爱护’和‘保护’近义，‘保护’和‘保卫’近义，‘保卫’又和‘捍卫’近义，而‘爱护’和‘保卫’、‘保护’和‘捍卫’就不再义近了。”[①]“爱护”和“保卫”之间的意义关系自然是远了点儿，但是，说“保护”和“捍卫”不近义，根据何在？看起来，硬要坚持“同义词＝等义词＋近义词”这样的观点，难以区分开同义的“近义”和一般的近义。

问题主要还不在于术语是否符合于语言事实，而在于：主张把近义词与同义词分别开来和主张“同义词＝等义词＋近义词”这两派意见的根本分歧是，是否把语言词汇的同义单位看成一种词汇组织结构、一个封闭性的意义关系聚合体，而且，是否把没有这种组织特征的近义词语类集与它严格地区分开来。正是由于持义近说的学者们没有认识到或不能把握住语言词汇的同义单位和近义现象的本质区别，致使他们确定不出真正

---

① 武占坤、王勤《现代汉语词汇概要》，第117页、120页，内蒙古人民出版社，1983年。

的同义词组。在他们的笔下，出现过一些有所谓同义关系的一对对的词。但是，这些“同义词”的确定往往带着极大的主观性、随意性，没有什么科学的道理在内，大家并不都同意，有些甚至连持同样观点的人也未必首肯。如“竞走——赛跑”“文凭——证书”[①]，“性质——品质”“轻视——敌视”[②]，“彻底——干净——全部”[③]，“孩子——乖乖”“助手——帮凶”[④]等。这些有着所谓的同义关系的“近义词”，是否真有同义关系，实在是要打上一个大大的问号的。

判定语言词汇中的一个单位和另外的单位有同义关系，并按照这种同义关联把各成员以组为单位确定下来，不能任由各人想当然，随意估摸，而必须按语言的实际情况来加以确定。要做到这一点，就需要明确同义词语的内涵，搞清它有什么样的特质。更进一步说，就是要着重弄清同义词语和近义词语的根本区别在哪里。

语言词汇中由若干个单位聚合而成的同义组，不是一个松散的、简单的集合，而是一个组织严密、结构严谨的聚合体。同义组内任何一个成员都同其他成员有着同义关系，而不与组外的任何词语有这种同义关联。同义组总是以一个完整的聚合体的形式存在着的。如下图所示（见 22 页）：这 6 个同义组，组内各词语成员都是互有同义关系的，它们聚合成一个一个内部联络完整一致的结构组织。如，“花招”和“把戏”同义，“把

---

① 孙常叙《汉语词汇》，第 223—224 页，吉林人民出版社，1956 年。

② 崔复爰《现代汉语词义讲话》，第 117 页、119 页，山东人民出版社。1957 年。

③ 蔚群、濮侃《同义词及其辨析法》，《山西师院学报》1979 年第 3 期。

④ 葛本仪《汉语词汇研究》，第 140 页，山东教育出版社，1985 年。

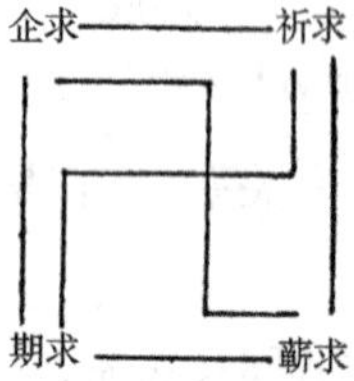

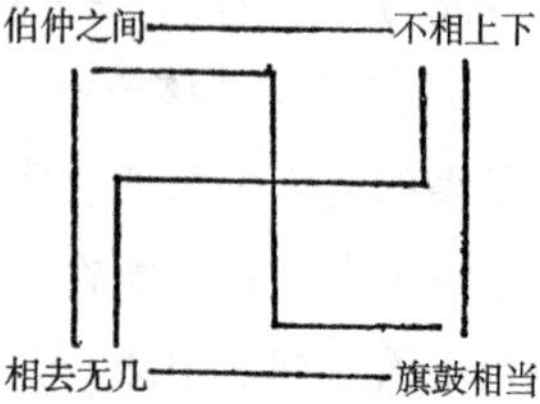

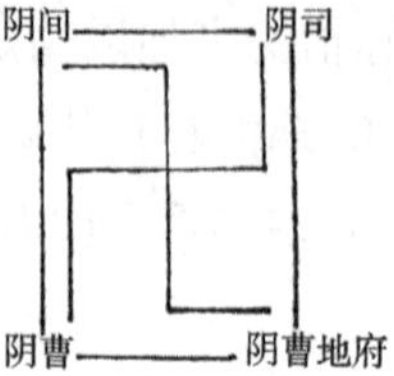

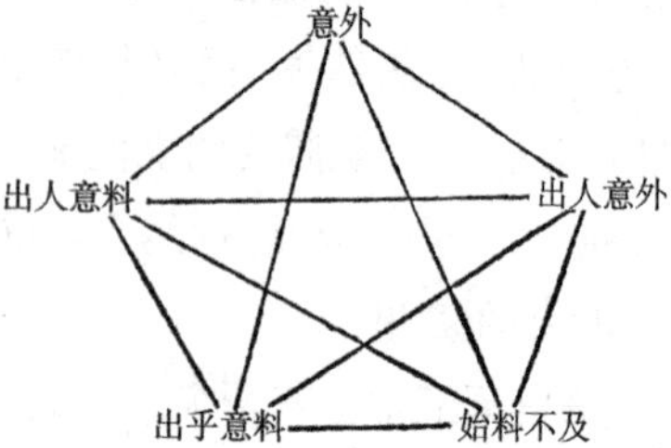

戏”和“花样”同义,“花样”也和“花招”同义。同义组内的成员绝不单独与组外的词汇单位发生在同一意义上的同义关联;一旦某个成员与组外的词汇单位有这样的意义联系,那么,组内的其它成员理当也有发生这种关联的可能,即这“组外”的词汇单位其实必进入相应的同义组而成为其内部成员之一。

近义词语,彼此集合在一起不能成为一定的结构组织。近义词语的类集与同义组相反,具有开放性。任何在人们的语感上有近义关联或可使人们产生近义联想的词语都可拉在一起呈现出近义现象。这样铺展开来,近义词语类集会相当庞大、冗杂，其界限也就难以确定。甲和乙是近义单位，乙和丙有近义关系，丙和丁存在着近义关联，丁和戊相去不远……绵延伸展开去，以至无穷。再回过头来看，甲和戊等的意义也许毫无关系，有的甚至是相互排斥的。如下图：

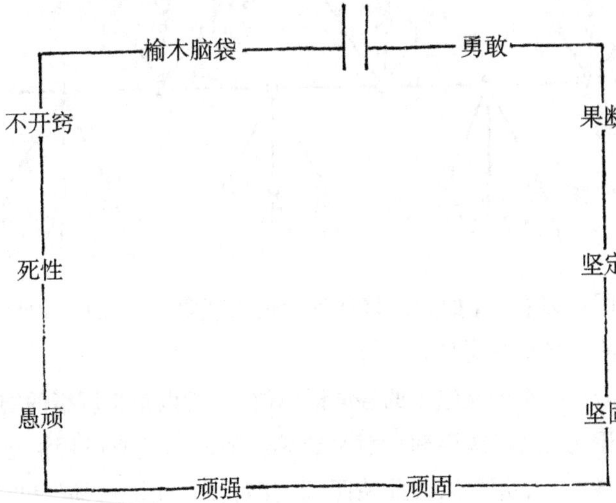

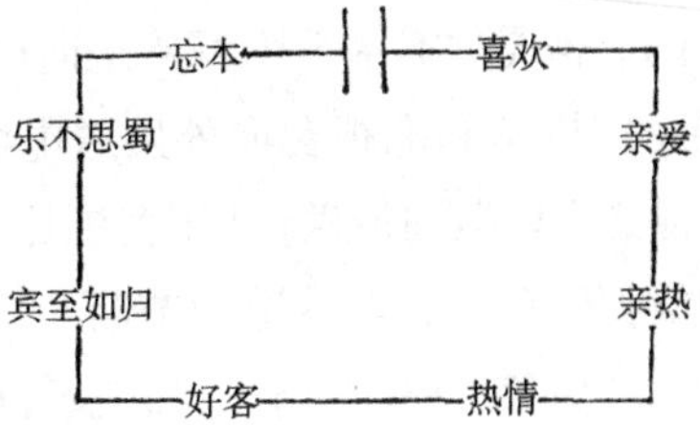

从以上情形可以看出，“勇敢”和“果断”近义，“果断”和“坚定”近义……递相近义的结果，“榆木脑袋”和“勇敢”碰在一起，已风马牛不相及，毫无相近之处。以“喜欢”起头的那些词语，情形也一样。

问题还不止于此。更重要的是每个词语都可有它自己的若干个近义词语，而这若干个近义词语又可各有与其相近的若干个单位，于是，会形成枝蔓繁衍、难有止境的情景，令人难以捉摸。如下图：

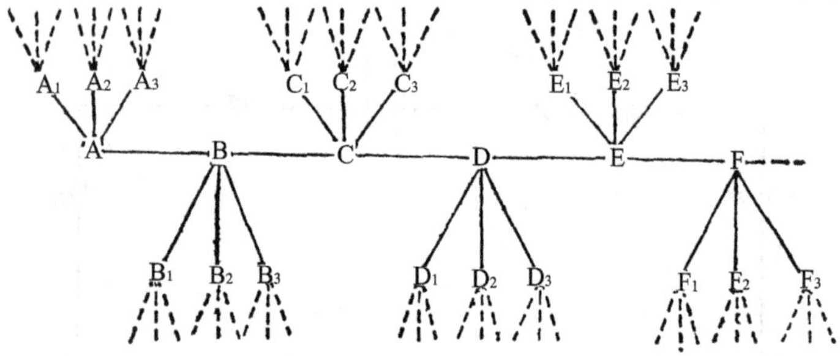

从上图可以看出，如此纷繁杂乱的近义现象，是无法与严整而规则的同义结构同日而语的。

语言词汇同义组中的各词语单位，它们以意义所指的同一为凝聚力，但在次要理性意义或感性的表达色彩或用法上呈现些微差异，并据以彼此映照，相互对立。如，“广播”和“播送”，都表示通过无线电或有线电向外传送（音乐或讲说的节目）。但是，“广播”强调传送向广大的地区，一般用于广播电台、广播站和电视台向外发送电波，传送音乐和讲说的节目；“播送”只强调传送，使用范围比“广播”广，凡用一定的通讯器材传送音乐或讲说的节目，都可称为“播送”。再如，“失算”“失策”和“失计”，都表示没有算计好或策略上有错误，所指的对象一致。但这3个词又各有特点：“失算”强调考虑不周，含有估计上失误的意味，多用于一般的事情；“失策”含有“想法或做法不对、策略有误”的意味，多用于比较重大的事情，意思比“失算”略重；“失计”强调谋划失当，可用于一般的和重大的事情，多用于书面语，有“失算”和“失策”所没有的书面语色彩。

在具体的语言运用上，同义单位的运用，可以把一个事物对象的些许差异表现出来。这种情形，在一些著名作家的作品中不难发现。例如：

⑮ 人人都似乎有点轻视我，下自小小的看护，上至司长，全小看我……

（老舍《面子问题》）

⑯ 我们当然是不愿死，我们在这儿苦打，正是因为我们要活，要生！

（阿英《碧血花》）

⑰ 在那时候，我才第一次看见我自己底卑下，卑劣，乃至卑贱！

（聂绀弩《游吕菊芬》）

⑱ 他们一直在忙着打扫院子里的污秽肮脏东西。

（李广田《废墟中》）

例⑮中的“轻视”和“小看”，都表示不予重视、看不起的意思。但是，“轻视”强调认为不值得重视，因而不认真看待，通用于口语和书面语，语体上没有特殊的色彩；“小看”强调把对象看得低，看得小，常用于口语，有口语色彩。例⑯中的“活”和“生”，都表示生存，与“死”相对。但是，“活”既可用于口语，也可用于书面语，语体色彩呈中性；“生”多用于书面语，有书面语色彩。例⑰中的“卑下”和“卑贱”，都表示低下、没有地位。但是，“卑下”强调下等、低劣，可用于职业、工作、地位，也可用于情操、品格、作风等；“卑贱”强调鄙劣、没有地位，多用于出身、职业、身份、地位，有时也可用于欲望等。例⑱中的“污秽”和“肮脏”，都表示不干净的意思。但是，“污秽”强调不干净的恶劣性质，意思较重，多用于处所、物件、话语等，很少用于人，专用于书面语，有浓厚的书面语色彩；“肮脏”使用范围比“污秽”广，可用于处所、物件、话语、空气、人的外表等，意思比“污秽”略轻，通用于书面语和口语，在语体色彩上表现为中性。

近义词语所指的事物对象不是同一的，它们只是在意义的一些次要方面上相同或接近，或只是能引起人们的某种主观联想，意义的主要方面并不相同。如果说，同义词语的作用是反映同一事物对象的细小差异的话，近义词语的功用则在于反映相接近而不相同的事物对象。近义词语的连用，正是为了有意表明两种相关、相近而彼此不同的对象，以加厚意思。这在作家的笔下，是常可见到的。例如：

⑲ 你一切都凭运气，为害为恶，你自己都不负责？

（老舍《大地龙蛇》）

⑳ 女人把故乡一点家私或典或卖，不惧危难，不畏辛苦，居然带着孩子跑了出来。

（李广田《欢喜团》）

㉑ 老鼠拎着那两只软壳蟹，一边咒一边骂吐了两泡口水……

（白先勇《孽子》）

㉒ 这正和我之不易相信有的人竟可以把冬天变得春天似的温暖一样……

我也知道，再过几时，天气是要温和起来的。

（徐懋庸《打杂集·两种春天》）

“害”，表示祸害、非利益的意思；“恶”，是很坏的行为，犯罪的事情。“害”“恶”显然指的不是一个事物对象。在例⑲中，“害”和“恶”连用在一起，说明两种不同后果的行为，它们是近义词，不是同义词。例⑳中的“典”和“卖”，也只是近义词，非同义词。“典”，表示把物品押给另一方使用，换取一笔钱，不付利息，议定期限，到期如果还款，可以收回原物；“卖”，表示把自己的东西拿来换钱。“典”和“卖”所指的对象不一样。例㉑中的“咒”和“骂”各指不同的事物对象，前者指说希望某个或某些人不顺利的话语，后者则表示用粗野或恶毒的话侮辱别人。因此，“咒”和“骂”不是同义词，而是近义词。例㉒中的“温暖”表示不冷、暖和而不太热，“温和”则是不冷也不热，气温适中。可见，两者各指不同的对象，只有近义关联。

“近义”，指意义反映不一样而相近的事物对象，“同义”则指意义反映同样的事物对象。语言词汇的同义单位，是在对事物对象的反映在外延一致的前提下，有大同小异的内涵。内涵上的细小差别，或者是强调、不强调个别特点，或者是对某些不重要的方面反映、不反映，或者是带有、不带有某种表达色彩。这些内涵上的细小差异，有时都反映在同义的几个单位之间，有时只有一两种情形的表现。但是，不论怎样，它们都不致造成意义外延的不同，而只由此显出同义单位之间意义上的细微差异，造成同义单位间相互区别、映照和制约的条件和根据。从内涵上的各种细小差别都齐备的情况来看，有如下图所示：

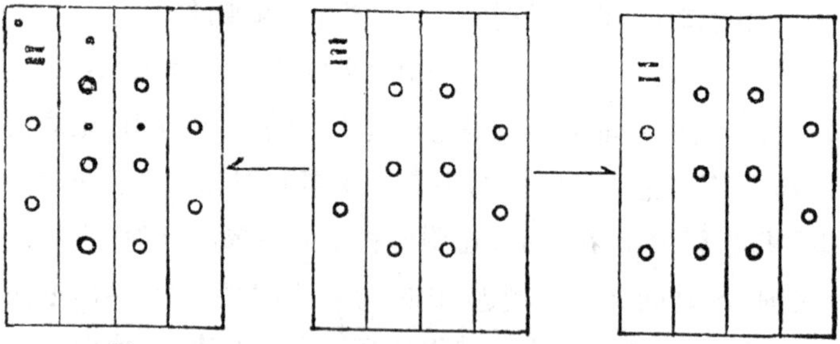

A′　　　　　　A　　　　　　A″
a词语的意义　　事物对象　　b词语的意义

A′和A″这两个词语的意义，共同反映了A这个事物对象的主要特点，但是，侧重反映（强调）的内容（用黑体小圈表示）有所不同，在共同反映的次要特点（用小短横表示）方面也有差异，另外，A′带有表达色彩（用小黑点表示），A″没有这种色彩的表现。因此，A′和A″所代表的a、b两词语单位的意义，内涵上不完全一致。但是，这并不妨碍它们在外延上重合，亦即不影响两单位指同样的事物对象。

语言词汇中的近义词语，由于各自反映的事物对象不一，在彼此的意义上必有不同的外延，尽管它们在内涵上存在着部分的重合。两个词语单位，意义上一般地相接近，表明它们有着部分一致的反映内容，即有着对某些对象的若干共同特点的相同反映。但是，有着某些共同特点的两个不同的事物对象，又各有重要的内容使它们彼此区别开来。近义词语的彼此相近，只是共同反映不同事物相一致的局部特点的结果，并不是也不可能是不同事物全部主要特点都一致的表现。因此，它只能是一般的近义，而不是同义。也正因为这样，就决定了不同的近义词语单位的意义，在内涵部分地重合的情形下，各有不同的外延，反映着不同的事物对象中各不相同的一些重要特点。如下图所示：

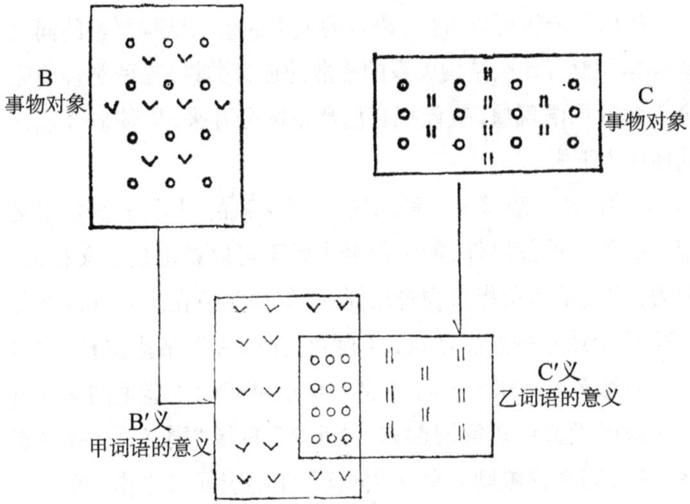

B′和C′这两个词语的意义，分别反映了B事物对象和C事物对象。由于B和C是两种不同的事物对象，因而，B′和C′在外延上也就不一样。但是，B和C又是相接近的，或是可以引起人们把它们联系起来作近义联想的，因此，B和C又毋庸置疑地存在着一些共同的特点。反映在指称它们的词语的意义B′和C′中，就必然出现反映内容上的部分重合。但是，这种反映内容上的重合，仅仅是外延不同的前提下内涵上的部分重合，这与同义现象的外延相同、内涵上的大同小异，是完全不同的两回事。正是由于外延不同和内涵上的部分重合，不同的词语才是近义的。即它们既不可能有同义关系，也不是意义上相差甚远、毫无相近之处。在所指事物对象不同，即意义外延不同的前提下，只存在内涵一部分重合的词语单位，必是近义词语。

从以上分析可以看出，语言词汇中的组织结构严整的同义聚合体和没有什么结构关系的松散的近义类集，是两类性质完全不同的词语现象，应该把它们严格区分开来，以使研究能正确地深入下去。

当然，从一般道理上看，具有同义关系的词语，除少数意义相等的等义单位以外，绝大部分未始不可以说也是意义相近。因为，它们虽然所指事物对象同一，但毕竟或在次要理性意义（意味）上或在一些感性意义（色彩）上存在着某些差异，致使它们的意义不是完全等同。尽管如此，我们也不能把同义词语与一般的近义词语混同起来。“近义”只指“同义”之外的意义相近，同义现象则只称作“同义”而不应同时称作“近义”。“同义词语”和“近义词语”两个术语，应如它们所指的实际情况那样，不相交混而相互对立。

过去有些论者似乎认为，同义单位和近义词语之间的区别仅仅是程度上的[1]，即意义一般地相接近的是非同义的近义词语，意义更近的则是同义的近义词语。这种观点显然缺乏科学性。义近到何种程度算近，何种程度算远？如何把握意义的远近？这些问题恐怕连论者本人也难回答。更为严重的是，这种观点把同义现象与近义现象混同起来，视作同类现象，把它们

---

① 参见武占坤、王勤《现代汉语词汇概要》第120页，内蒙古人民出版社，1983年。

之间质的区别抹煞掉，这是不符合语言事实的。同义单位，以其严密的组织结构而自成一体，形成语言词汇中独具特色的聚合群。它们虽然大部分因也存在一些差异而不完全等同，但是，这种“差异”和“不完全等同”，是在所指的事物对象同一的前提下的小异，是同义聚合内各成员彼此相互对照、制约的特点所在。如果说这“小异”也是表明意义相近的话，那么，同义单位的意义相近和近义词语的意义相近是根本不同的。近义词语之间的意义相近，是所指事物对象不一，而只在意义的内涵上部分重合，从而可引人产生某种相近联想的近义。绝不应该把同义单位意义上的大同小异与近义词语的意义相近等量齐观，混为一谈，更不能以同义词语和近义词语的意义都不完全一致为理由，把同义词语也混称作近义词语。

根据词语意义的基本一致，可把有同义关系的词语从实际语言中逐一确定下来。但是，就意义本身来看意义，难免空灵而不好把握。不同的词语是否在意义上基本一致，应看它们是不是指称同一事物对象。所指的事物对象同一，它们就是同义词语；所指的事物对象不一样，它们就没有同义关系，至多只能是近义词语。把是否指称同一种事物对象作为判定语言词汇的同义单位的标准，是孙常叙先生首先提出来的。[①] 但是，用什么方法才能知道不同的词语其意义是反映同一事物对象呢？问题显然复杂而棘手。当然，等义词语和意义基本相同的一些名词性词语比较好辨识，如，“力气——气力”“少先队——少年先锋队”“钢笔——自来水笔”“电视——电视

① 见孙常叙《汉语词汇》第220页，吉林人民出版社，1956年。

机”等。而此外的大量的同义词语，就很难说易于辨析了，如，“迁就——俯就”“想法——设想”“小户——小户人家”“从容——慢条斯理”“天差地远——天悬地隔”“智勇双全——有勇有谋”等。很明显，不从方法上解决同义词语的意义所反映的对象是否同一的问题，就无法使判定同义词语的标准落到实处，也就不能把语言词汇中大量的同义词语完全而准确地辨析出来。

4.2 辨别同义单位的方法，关系到是否能从实际语言中把有同义关系的词语分析出来，归入一个聚合体。而方法的得当与否，则直接影响着所分析出来的词语是否真有同义关系，确实形成一个聚合体。正由于这一问题的重要，不少学者都提出了自己的意见。

50年代中后期，有些学者把辨析同义单位的方法归纳为几个方面，如从意义上、用法上、范围上、语法上等几个方面来分析①。这一观点到60年代、70年代、甚至80年代，仍有人重复提出②。但是，这些学者所做的不是认同的工作，即不是从实际语言中给一个一个词语单位确定出同义关系，而是辨异的工作，也就是为现成的“同义”单位找不同点。这就产生了一个问题：没有同，何来异？不去做求同的工作，看一看哪些词语和另外的单位所指一致而为它们建立起同义关联，反而先去做辨异的工作，以仅凭主观估摸而定下来的“同义”单位为辨异的

① 如高庆赐《同义词和反义词》，新知识出版社，1957年；崔复爰《现代汉语词义讲话》，山东人民出版社，1958年。

② 如孙玄常、陈方《多义词·同义词·反义词》，北京出版社，1965年；蔚群、濮侃《同义词及其辨析法》，《山西师院学报》1979年第3期；武占坤、王勤《现代汉语词汇概要》，内蒙古人民出版社，1983年。

基点。这种方法，难免有本末倒置、倒果为因之嫌。用此方法所做的工作，也给人以隔靴搔痒之感，不能解决实际问题，并无助于辨析出真正的同义词语。

与上述学者们的意见不同，60年代初，有些学者把替换作为判定同义词的标准，认为替换是"构成同义性的一个必要条件"，"同义词之间必须具有这种可替换性则是绝对的、无条件的"①。以替换作为辨析同义单位的方法，并不新鲜，50年代中期就已有学者提出过②。但是，替换的方法前后提出之后，响应者寥寥，而且受到一些学者的批评③。这说明，替换法的科学性和在语言实际中的可行性，是大有疑问的。

把可替换性作为同义词的形式标志，而且看作是"绝对的、无条件的"标志，并不合理。同义词中的绝大部分不能在语句中随意替换，因为这些同义词中"异"的区别特征决定了它们在语句中无可更易，是其区别于其他词的个性所在。如果一定要换，那么不同的词就可能会带来不同的意味或色彩。例如：

㉓ 夕阳照在玻璃上，映在墙上，一方一方红晃晃的影子。

（梁斌《红旗谱》）

㉔ 呆坐了将近一个钟头，他看着左右的空车拉走了

① 王理嘉、侯学超《怎样确定同义词》，载《语言学论丛》第5辑，商务印书馆，1963年。

② 如：孙常叙《汉语词汇》，吉林人民出版社，1956年；魏建功《同义词和反义词》，《语文学习》1956年11月号。

③ 见张志毅《确定同义词的几个基本观点》，《吉林师大学报》1965年第1期；刘叔新《同义词和近义词的划分》，《语言研究论丛》，天津人民出版社，1980年。

不少。

（王统照《山雨》）

例㉓中的“夕阳”可以与“残阳”这个词有同义关系。但是，“夕阳”只表明黄昏时分的阳光，而“残阳”却强调太阳因天晚而残剩的特点。在这里，如果不用“夕阳”而换用“残阳”，就无法表现出江涛在“革命军北伐、封建势力就要打倒、运涛和春兰快要结婚……这些好事情，集在一块”时的喜悦心情。例㉔中，如果把有口语色彩的“钟头”去掉，换上有书面语色彩的“小时”，也不合主人公大有的人力车夫的身份。可见，在语言的实际运用中，同义词是不能随意替换的；认为同义词必须具有可替换性标志，并不符合语言事实。

同义词中意义相等的那部分词——等义词，有替换的可能。如，逆序的等义词“力气”和“气力”，“觉察”和“察觉”，“离别”和“别离”，“代替”和“替代”等，是可以互换的。但是，并非所有的等义词都可相互替换。如在“亲爱的妈妈”“亲爱的爸爸”等组合中，把“妈妈”换为“妈”，“爸爸”换为“爸”，会使人感到不协调；在“他的演说说到了人们的心坎上”这个语句中，把“演说”换作“演讲”，会在人们语感上通不过。不难看出，把替换作为等义词的形式标志，也不能处处行得通。

问题的关键倒不在个别的同义单位能否相互替换，而在于能够互换的是否就是同义词语，如果不在乎替换者和被替换者之间的差别的话。从文学作品中不难发现，不少语句中不见得非用某个词语不可，换以另外的词语，本意思还是一样的。例如：

㉕　萧队长用全力压制自己的悲哀，他走来走去，想起

了赵玉林的勇敢，也想起他入党的时候的情形，他的心涌起一阵阵的酸楚……

（周立波《暴风骤雨》）

㉖ 外面出现了第一片接近南方的景色，如同水墨画一片模糊。

（刘白羽《横断中原》）

例㉕中的“悲哀”，可以换为“哀痛”，例㉖中的“景色”可以换作“图景”。“悲哀”和“哀痛”，“景色”和“图景”，都只存在近义关联，是近义词。

以上的分析可以说明，替换，如果以不走失原意为条件，只能发生在个别等义词语中间；如果不考虑意义是否有任何程度的改变，那么，替换可以在同义单位中进行，也可在近义单位中进行。

“替换”论者主张，“词之间含义上的共同性和使用上的可替换性是确定同义词的两个共同的必要条件”。[1]可是，这显然带来一个大问题：“含义上的共同性”和“使用上的可替换性”，无法成为并行的“两个共同的必要条件”。意义有无共同性，应该在用某种方法鉴别之后得出。如果已知两个词语单位有意义共同性，那么，作为方法的替换也就成了多余，当然，这种“共同性”是未经验证的，“已知”也有先入为主之嫌；倘若用替换方法来鉴别词语单位的意义之间有无意义共同性，那么，严之，同义单位所剩无几，宽之，则会把同义词语和近义词语都包罗进来。由此可以看出，以替换来确定词语同义单位，既不合

① 王理嘉、侯学超《怎样确定同义词》，载《语言学论丛》第5辑，商务印书馆，1963年。

理，也行不通。

如何确知不同词语的意义所指的是或者不是同一种事物对象，这是难以将事物对象摆到眼前来验证的。语言科学本身还不是验证的科学，何况语义的研究更不易具有客观的证据。但是，这并不能证明语义的研究没有任何形式化的标准可循。在区分语言词汇的同义和近义的关系上，仍然可以找到尽可能客观的或接近于形式化的方法。

本世纪 60 年代最先为美国人类学家采用的义素分析法，对于能以某种可靠的客观形式区分开词语间的同义现象和近义现象并进而确定同义单位来说，很有帮助。不过，需要对它加以改进。主要是必须将义素区分出理性的和感性的两大类，而在理性义素中还必须划分出主要的和次要的两类。主要理性义素反映着事物对象的本质特点和区别性特点；次要理性义素则只是不重要的一般特点的反映。某个主要理性义素表现突出（即被强调），以及次要理性义素的存在，都是词语意义中有时存在的所谓“意味”。

进行词语的义素分析，可以把词语的意义分为若干成素，把这些义素加以比较。两个词语单位，若各自的主要理性义素相同，不论是否有意味或色彩的差异，便是指一样的事物对象，便可视为同义单位；仅只次要的理性义素及感性义素不同，并不妨碍它们构成同义组。词语意义的分解研究，可使人们比较明晰、清楚地对词语意义的异同进行观察、分析、比较，能在一定程度上帮助人们鉴定不同的词语是否指同样的事物对象，从而把同义词语和近义词语区别开来。举例如下：

			群众	大众	民众	人民
理性义素	主要的	1. 群体	+	+	+	+
		2. 人的集合体	+	+	+	+
		3. 众多的成员	+	+	+	+
		4. 社会基本成员	±	±	±	+
		5. 劳动者	±	±	±	−
	次要的	6. 普通百姓	−	±	+	−
感性义素		1. 书面语色彩	−	+	+	−
		2. 在语体色彩上呈中性	**+**	−	−	+

			直截了当	开门见山	单刀直入	直言快语	直言不讳
理性义素	主要的	1. 一种行为	+	+	+	+	+
		2. 动作行为	+	+	+	−	−
		3. 言语行为	±	±	±	+	+
		4. 爽快	**+**	**+**	**+**	**+**	−
		5. 不绕弯子	**+**	**+**	**+**	±	+
		6. 不避忌	−	−	−	−	+
	次要的	7. 不含蓄	−	−	−	+	+
感性义素		1. 书面语色彩	−	−	−	−	+
		2. 口语色彩	−	−	+	−	−
		3. 在语体色彩上呈中性	+	+	−	+	−
		4. 比喻的形象色彩	−	+	+	−	−

表中，“＋”表示有，“－”表示无，“±”表示有或无，“**＋**”表示强调或浓厚。从以上两表中可以看出，“群众”“大众”“民众”在主要的理性义素上完全一致，意义的外延相同，指同一种事

物对象；只是在一些次要的理性义素及感性的义素（表达色彩）上有差异。因此，它们是意义基本相同而略呈差异的一组同义词。但是，“人民”与“群众”“大众”“民众”三个词，不仅在次要的理性义素和感性的义素上不一致，重要的是在主要的理性义素上有出入，因此，“人民”不能归入“群众”“大众”“民众”所构成的同义组，而只是“群众”“大众”“民众”的近义单位。“直截了当”“开门见山”“单刀直入”三个固定语，是在主要的和次要的理性义素上都相一致，而只在感性的表达色彩上呈现差别，因此，它们是意义基本相同而略有差异的同义语。而“直言快语”“直言不讳”两个固定语，不仅与“直截了当”“开门见山”“单刀直入”三个固定语在主要的理性义素上区别开来，而且它们两者本身之间也存在主要理性义素的差异，另外，次要理性义素和感性的表达色彩也不一致，因此，不论就它们与“直截了当”“开门见山”“单刀直入”的关系来说，还是就彼此之间的关系来说，都只存在近义关联，是近义固定语。

义素分析法有着较细致地辨别词语意义的长处。它把浑然一体的词语意义切分开来，变成易于进行比较的几个意义成素，有利于避免在辨别同义单位时容易出现的主观性的毛病。因此，这种方法广泛地被一些学者用于语言词汇同义现象的研究和教学。但是，义素分析法尽管作了改进，还是有一些缺点：第一，用此方法来分辨词义，归根结底还是从主观方面分析意义，仍旧没有客观的标志可资依凭，确定义素的主观性很难避免。第二，义素分析法对于较易分辨的词语，尤其是表具体事物的名词，能较快得出结论，但一遇义素不易辨析的比较抽象的词语，便一筹莫展。这大大限制了它的使用，因为语言中相当数量的词语的意义都比较抽象，难以一下子将其成素一一析理清楚。迄今为止，还没有一部同义词词典完全用义素分析法来确定其词目，这或许就说明了问题。

80年代初，一种叫作“同形结合法”的分析方法提了出来[①]，并用于当时一部同义词词典的编写[②]。同形结合法以逻辑和语言的形式为基础，确定不同词语所指的对象是否同一，从而鉴别同义和近义的单位。不同的词语如果指同样的事物对象，那么，当它们各与指另一事物对象的同一词语同样地结合，所得出的各个词语联结体必然也指同一种事物对象；如果不同的词语单位不指同样的事物对象，那么，它们各与指另一事物对象的同一词语单位作同样结合所得出的联结体，必然也不指同一种事物对象。可列成公式如下：

若　$A = B$

则　$A + C = B + C$

分辨词语之前，我们并不知晓两个单位是否同义，而且，不同的词语有无同义关系，也正是辨析的目的所在。因此，公式应该倒转过来，进行逆推理：

若　$A + C = B + C$

则　$A = B$

若　$A + C \fallingdotseq B + C$

则　$A \fallingdotseq B$

在具体运用同形结合法时，为判断甲词语和乙词语是否指

---

① 见刘叔新《同义词和近义词的划分》，《语言研究论丛》，天津人民出版社，1980年。

② 该词典为《现代汉语同义词词典》，刘叔新主编，天津人民出版社出版，1987年。

同一事物对象，必须先找出一个能够与甲、乙两词语同样相联结的词语丙。这里所谓的可能的联结，指的是符合于事物对象相互联系的可能和符合于语法。如果“甲词语＋丙词语”与“乙词语＋丙词语”所得出的结果一样，即同指一种事物对象，那就证明甲词语和乙词语有同义关联；相反，如果“甲词语＋丙词语”和“乙词语＋丙词语”得出的结果不一样，即所指的事物对象不同一，那就证明甲词语和乙词语没有同义关系。如果甲词语和乙词语经验证不指同种事物对象，不是同义单位，却能在人们头脑中引起互相接近牵连的联想，那么它们各自所指的事物对象就存在着某种共同点，它们彼此成为近义词语。

下面分别举几组例子，看看用同形结合法分辨同义单位和近义单位的情形。

尽情欢呼
纵情欢呼 ］指同样的一种行为

“尽情”“纵情”：指同一种对象；互为同义词

秘密文件
机密文件 ］指同样一种东西

“秘密”“机密”：指同一种对象；互为同义词

乏味的书
索然无味的书 ］指同样一种东西

“乏味”“索然无味”：指同一种对象；互为同义词语

野史的记载
稗官野史的记载 ］指同样的内容

“野史”“稗官野史”：指同一种对象；互为同义

词语

不敢置身其中 ┐
不敢厕身其间 ┘ 指同样一种行为

"置身其中""厕身其间"：指同一种对象；互为同义语

有勇无谋的武夫 ┐
暴虎冯河的武夫 ┘ 指同样一种人

"有勇无谋""暴虎冯河"：指同样的对象；互为同义语

赌气撂挑子 ┐
生气撂挑子 ┘ 各指不同的心态表现

"赌气""生气"：尽管各自所指的对象有点接近，却毕竟互不相同；互为近义词

潇洒的男子 ┐
漂亮的男子 ┘ 各指不同的男性

"潇洒""漂亮"：所指的对象接近，但不相同；互为近义词

表现异常 ┐
表现不同凡响 ┘ 各指不同的状况

"异常""不同凡响"：所指的性状相似，但不一样；互为近义词语

写得痛快 ┐
写得淋漓尽致 ┘ 各指不同的写作效果

"痛快""淋漓尽致"：所指的对象类似，但不一致；互为近义词语

暮气沉沉的人
死气沉沉的人　各指不同精神状态的人

"暮气沉沉""死气沉沉":所指的对象近似,却不同一;互为近义语

我们等闲视之
我们不屑一顾　各指不同的心理、态度

"等闲视之""不屑一顾":所指的对象相似而不同;互为近义语

有时,甲词语和乙词语分别加上丙词语这样一次组合还看不出甲、乙两词语所指的事物对象是否同一,那就需要换以丁、戊等词语,或者在丙词语的基础上再加上丁、戊等词语继续结合下去,直至作出准确的判断为止。例如:

A 组

(a) a_1 灵活:灵活的手
　　a_2 灵巧:灵巧的手

(b) b_1 灵活:灵活的思想
　　b_2 灵巧:*灵巧的思想

B 组

(a) a_1 亲切:母亲亲切
　　a_2 亲热:母亲亲热

(b) b_1 亲切:母亲亲切关怀
　　b_2 亲热:*母亲亲热关怀

A 组中的"灵活""灵巧",在a式中与"手"组合看不出分别。把"手"换作"思想",再看b式,"灵活"可以修饰"思想","灵巧"却没有这种组合能力。在a式中看不出的区别,在b式里

就显现出来了。B组中的“亲切”“亲热”在a式中同时与“母亲”组合，看不出什么不同。在a式的基础上再加上“关怀”构成b式，区别就明显了：“母亲亲切关怀”是可以的，“母亲亲热关怀”则不成话。从以上分析中可以看出，“灵活”和“灵巧”，“亲切”和“亲热”，同形结合法证明了它们所指的对象不一，没有同义关系，只是近义词。

同形结合法也并不是已经尽善尽美，它还有待进一步发展完善。比如，利用此法确定语言词汇中的同义单位，也主要是凭借人们的语感，带有一定的主观上的因素；没有丰富的语言实践经验的人，不大容易很好地运用这种方法确定同义词语。但是，同形结合法的提出，毕竟给语言词汇同义单位的研究以及同义和近义现象的划界，开出一条新路径，带来了形式的和客观的因素，提供了便利。

义素分析法容易辨析已在人们语感上大体形成同义关联的词语，同形结合法可在较难辨识的词语单位间发挥作用。这两种方法虽然各有一些有待改进之处，但把二者结合起来进行语言词汇同义观象的研究，却可收事半功倍之效，简捷而准确地把同义现象和近义现象区别开，并进而把同义组确定下来。这样鉴定出来的同义组，也大体上符合一般人的语感。以下举出几组鉴定出来的词语，从中可以看出具有同义关系的词语和只是意义相近似的词语。

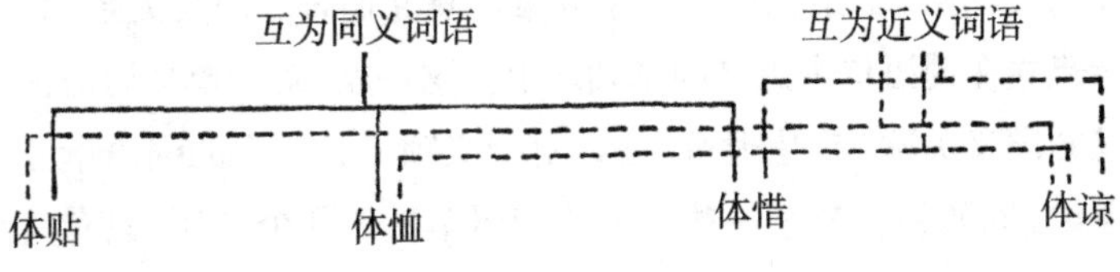

英灵	英魂		灵魂
微妙	奥妙	玄妙	莫测高深
争议	争论	辩论	讨论
中断	中止	中辍	停止
周密	严密	缜密	紧密
著作	著述		文章
滋味	味道	味儿	口味
形势	情势	风色	情况
调笑	耍笑	戏弄	逗弄
守旧	因循守旧	墨守成规	泥古不变
有隙可乘	有机可乘		钻空子
干净	洁净	一尘不染	整洁
有趣	有味	津津有味	生动
残缺	缺略	残缺不全	残损
全神贯注	聚精会神		专心致志
拐弯抹角	转弯抹角	绕弯子	闪烁其词
慌　乱	慌手慌脚	无所措手足	心慌意乱

4.3　同义组不是松散的、类集型的词语集合，而是一种内部关系密切、结构严整、组织性强的词汇结构组织。同义词语之间的结构关系具有一系列特点。其中某些特点既是近义词语间所没有的，也同其他词汇结构组织的关系特点不一样。这是语言词汇同义现象研究中所不可忽视的。

在了解有关特点的开始，有必要明确，无论同义词、同义语或同义词语，都是就词语单位的某个意义而言。同义关系，只能建立在词语单个意义的基础之上。这一点，对于单义词语构成的同义关联，自是理所当然；对于义项不止一个的词语单位来说，问题显得复杂一些。有些词语单位的几个义项，只有其中一个和别个词语有同义关系，另外的义项没有与他词语建立同义关系的可能。如：

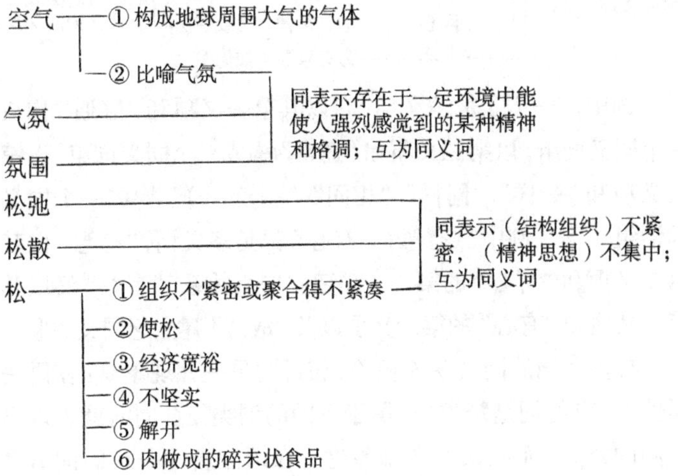

“空气”“松”都是多义词，它们各以其一个义项分别与“气氛、氛围”和“松弛、松散”构成同义组。而“空气”“松”的另外的义项，不和别的什么词语有同义关联。

有些多义词语的几个义项，分别与不同的词语构成几个同义组。例如：

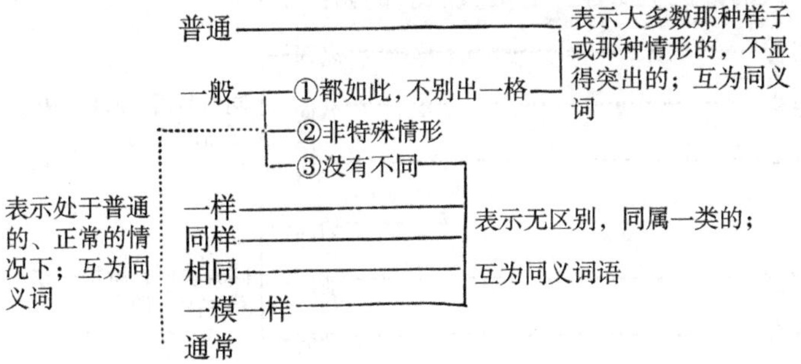

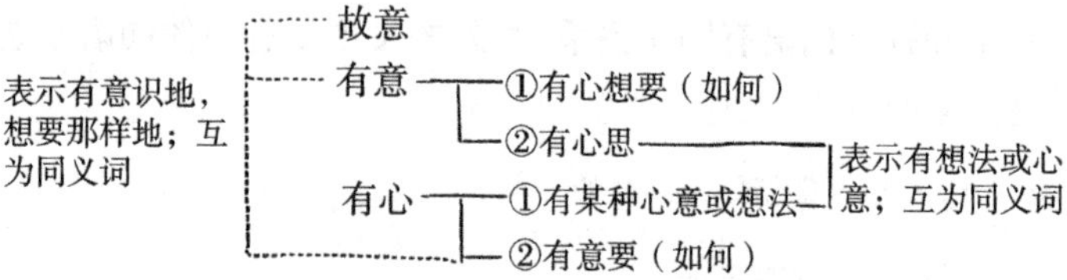

上一例中，“一般”是多义词，它以其第一义项和“普通”构成一个同义词组，以第二义项和“通常”构成一个同义词组，以第三义项和“一样”“同样”“相同”“一模一样”构成一个同义词语组。下一例中，“有意”“有心”都是多义词，“有意”以其第二义项和“有心”的第一义项建立同义关系，“有意”又以其第一义项和“有心”的第二义项以及“故意”建立起同义关联。

与多义词的同义现象相关、相近的另一种现象是：在语法属性上，有的词是跨类的，属于不同的词类往往同时就表现出不同的意义；而同义关系总要建立在语法属性一致的词语之间，因而同一个词因自身的跨类而与不同的词语分别建立不同的同义关系时，往往与多义词能进入不止一个反义组的现象相一致。不同的词汇单位，只有语法属性类同，才能建立起同义关联；如果语法属性不一致，所指的对象即便很近似，也不能有同义关系。一些跨类词同其他词的同义，自然仅指它们在某个一致的词性上所建立起的关联。例如：

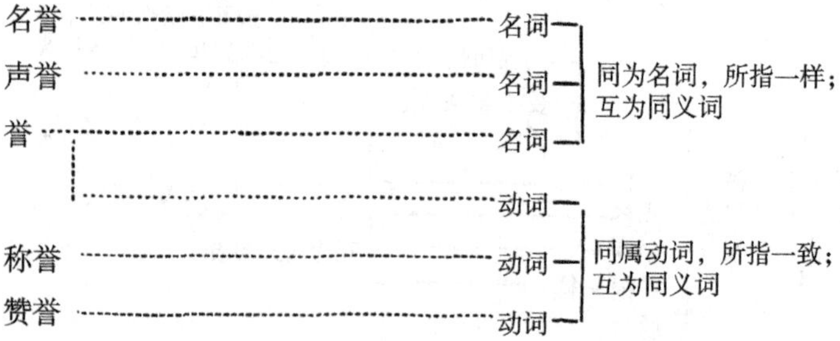

恐怕……副词
恐……副词
怕……副词（同属副词，所指一致；互为同义词）
怕……动词
害怕……动词
惧怕……动词
惧……动词
恐怕……动词（同为动词，所指一致；互为同义词）

以上两例中，“誉”和“怕”“恐怕”都是兼有两种词性的跨类词，同时也是多义词，它们各因词性的及意义的不同而与不同词类的词建立同义关系。

跨类词与固定语同义时，也只是词在其某一词性的某一意义上建立这种关系。词的词性所具有的句法功能应与相应的固定语的句法功能一致。因此，跨类而多义的词可与不同的词和固定语因句法功能上的不一样而分别建立不同的同义关系。如：

下等……名词
下第……名词（同为名词，所指一致；互为同义词）
下第……动词，可在句中作谓语、补语等
落第……动词，可在句中作谓语、补语等
名落孙山……可在句中作谓语、补语等（句法功能一致，所指一致；互为同义词语）

天空 ┈┈┈ 名词 ┐
空 ┈┈┈┈ 名词 ┘ 同为名词，所指一致；互为同义词

空 ┈┈┈ 形容词，可在句中作谓语、补语、定语等，可受副词修饰 ┐
空空如也 ┈┈┈ 可在句中作谓语、补语、定语等，可受副词修饰 ┘ 句法功能一致，所指一致；互为同义词语

语法属性各不相同的词汇单位之所以不能作同义聚合，是有一定原因的。这要在后面专门加以论述。

4.4 同义组内部关系的密切和严整，表现在组内任何一个成员都与其他成员同中有异地对立而关联，彼此互相比照，互相制约。同义组内的所有成员，不仅各以自身的个性特点而互相区别和对照，并且在含义的内涵及用法上互相控制。一个成员具有某种意味、色彩或用法等特点，其他成员便不能也表现出完全同样的特点。对于某种成员的含义、用法等特点来说，所有其他成员的特点就制约它的表现性质、程度和范围。正是在这种相互制约之下，同义组内各成员得以各有职司，不相僭越，分别对同一事物对象作不尽相同的反映。例如："干净""洁净""清洁""净""洁""一尘不染"，是一个同义组。它们都表示没有尘土、油垢和杂质等。但是，"干净"强调物体上不带秽物，可用来比喻事物利落纯净，多见于口语，有口语色彩；"洁净"强调纯洁而无秽物，是书面语用词，有浓厚的书面语色彩；"清洁"强调清纯，无污染，显出本来的色泽或特质，多用于书面语，有书面语色彩；"净"强调明净，不带杂质、秽物；

"洁"侧重于无污染，是文言词，有浓厚的书面语色彩；"一尘不染"强调一无纤尘，未受污染的特点，用于书面语，有书面语色彩。这个同义组中的每一个词语单位，都在反映共同的对象的前提下，有着只为本身具有的特点。而同时，各单位就各以其个性的特殊表现制约着、固定着其对立单位的特殊表现。"干净"不能也无从表现"洁净""一尘不染"等词语的特点，"洁净"同样不能和无从表现"干净""一尘不染"等词语的特点。作为共同表示没有尘土、油垢和杂质等的一个同义组，其中任何成员都不可取代别个成员，而且任何成员都依赖着其他成员而保有其自身的特色。正由于同义组内的成员存在着这种特殊的制约、对立的关系，它们又能相互比照。同义组就是因为内部存在这种同中有异地相互制约和比照的结构关系，而成为语言词汇中一种独特而重要的组织结构。

4.5 同义词语间的结构关系，还有另一个特点，就是这种关系建立在它们所维系的两个关系项同样的词性或句法功能的基础上。

关于同义单位是否彼此需要在语法属性上一致，自50年代以来一直存在争议。这个问题如何认识，不仅牵连到能否全面揭示词语同义关系的特性，而且直接关系到同义单位的确定和同义组的划分，无论对语言教学还是编纂同义词典都有重要影响。因此，必须对这一问题有个正确的理解。

较早提出同义词需词性一致的，可以周祖谟先生为代表。他在连载于《语文学习》杂志上的《汉语词汇讲话》中说，"不同词类的词虽然意义近似，可是未必就属于同义词"[①]。但是，周

① 见《语文学习》1956年2月号。

先生并不坚决和彻底，“未必”二字就说明了他的犹疑和拿不定，而且，在他同文所举的例子中，也出现了把不同词性的两个词（“光辉”和“辉煌”）作为同义词看待的失误，授他人以日后批评的口实。果然，时不过半年，张世禄先生引用这个例子表示了他“相反的意见”，说，“不同词类的词，只要意义近似，也就可以属于同义词”[①]。周先生在张文的末尾加〔附〕表示张先生的“看法是对的”，他本人的“说明和例子都不很妥当，应该修改”[②]。在《汉语词汇讲话》1959年由人民教育出版社出版的单行本中，周先生放弃了原来的意见，从书中删掉了关于不同词类的词不能构成同义词的内容。尽管周先生放弃了原有的意见和主张，但是，问题的争论却由此引起，一发而不可收。不久之后，即有不少学者陆续对张先生的观点和周先生的观点变动，提出了不同意见。他们认为，“同义词一定要按照词类来划分”[②]，主张“不同词类的词不是同义词”[③]，更有人指出，“不同词性的词的意义能否有同义词上所说的意义近似”，值得怀疑，认为，“词性不同的词的词义不可能有同义词上所说的意义近似”。[④]主张词性不同的词可以组成同义词的人提出，确定同义词组不应考虑词类同与不同，说那样一来，就“会把许多词性不同、意义相同相近的词排斥在同义词的范围之外”，表示“不同词类的词，只要意义近似，也就可以属于

①② 均见张世禄《词义和词性的关系》，《语文学习》1956年7月号。

③ 高庆赐《同义词和反义词》第11页，新知识出版社，1957年。

④ 刘冠群《关于同义词的两个问题》，《语文学习》1957年7月号。

⑤ 贡仁年《关于汉语同义词的词性问题》，《哈尔滨师范学院学报》1963年第4期。

同义词"。[①] 这种主张，到了 70 年代末、80 年代初仍被一些人重新提出。有人以"勇气""勇敢"为例，认为它们是"属于不同的词类，句法功能也不一样"的"一组同义词"[②]；还有的学者干脆表示"同意张世禄先生的意见"，认为"基本意义相近而词类不同的几个词，当然应该视为同义词"。[③] 到 80 年代，研究同义词，只靠泛泛说理而不加什么论证，已不能解决多少问题。因此，当有人再谈"同义词要按词类来划分。不是同一类的词不算同义词，换言之，只有同属一个词类的词才有成为同义词的可能"[④] 时，没有引起多少反响。

两派的争论，前后进行了一二十年，但似乎都没有从根本上解决问题。双方都不能提出经过论证的过硬的理由以说服对方，导致了出现公说公有理、婆说婆有理的局面。1983 年有学者以编纂同义词词典的实践为基础，提出了同义词词典怎样处理词性的问题。他从词的词汇意义和语法意义二者的关系入手，探讨了在词性相异的情形下，词汇意义的相近能否达到同义词的义同的地步。他提出了词的"含义"这一新的概念，用它概括词的词汇意义和语法意义，指出，"词与词之间的同义关系并非单纯的词汇意义比照，它还牵涉到词的用法和句法功能；词性也不单纯表现于语法领域，而是跨进了词汇中来，在个别的词上落实词类的划分，同词的含义很难说没有瓜葛"[⑤]。论证的结果表明，"两词的含义反映的对象表现不同，彼此间的

① 陈炳迢《汉语的同义词是不是一定要词性相同》，《语文知识》1958 年第 6 期。

② 蔚群、濮侃《同义词及其辨析法》，《山西师院学报》1979 年第 3 期。

③ 谢文庆《同义词》第 17 页、18 页，湖北人民出版社，1982 年。

④ 孙汝建《同义词说略》，《语言文学》1982 年第 2 期。

⑤ 刘叔新《同义词词典怎样处理词性》，《辞书研究》1983 年第 3 期。

差别就当然是不小的，它使得两个词之间不能有同义关系”[①]。这一观点提出后，虽还有人坚持同义词不必词性相同的主张[②]，但观点基本照录旧说，并未提出任何新的理由，显得重复而乏力。倒是在下面一段话里有他自己的见解：“就拿权威性的辞书——《现代汉语词典》来说，用同义词释义时，常有词性互异的例证。例如：它把‘喜欢’解释为‘高兴’‘愉快’，而这三个词词性并不完全相同”[③]。但是，焉知这三个词就是同义词？是词典编者的声明，还是文章作者自己的认定？如果是后者，那么，实在有点强加于人的味道。

词性是词的含义中的一种有机成分。一个词可以没有词汇意义，却不可没有含义。词是以其含义与事物对象发生联系的。词性影响着词的含义的面貌，也往往影响着词的词汇意义。不同的词，词性不同，词的含义就不一样，尽管词的词汇意义会一致或很相近。而这样的含义差异，便排斥了相应的两个词建立起同义关系的可能。因为词类的语法意义“不仅是词的含义中的成分，而且成了人们语感上的一种含义特征；只有这种特征一致，相应的含义才有可能彼此相同或基本相同而形成同义关系”[④]。例如，“步行”和“步履”，前者是动词，后者是名词，尽管它们词汇意义几乎相同，但词类范畴上的差别使它们在含义上有别，不能成为同义词。“发麻”和“麻木”，词汇意义没有什么分别，但前者是动词，后者是形容词，它们各自的含义由于词类范畴的不同而区别开来，使人无法把它们视作同

①④　刘叔新《同义词词典怎样处理词性》。

②③　梅立崇《词性不同的词能否构成同义词》，《逻辑与语言学习》1987年第1期。

义词。又如，“勇气”和“勇敢”，词汇意义很接近，但前者指敢作敢为、毫不畏惧的气魄，是名词，后者指在行为、心态上表现出不怕危险和困难，是形容词。“勇气”和“勇敢”因彼此含义有别很难有什么同义关系，而各自所指的对象也不同，这差异也正是彼此词性的不同所促成的。因而它们只能互为近义词。再如，“优质”和“优秀”，“开会”和“会议”等，都因词性有别而造成含义上互不相同。词的含义不同，决定了整个词的意义所指不一样。在此情况下，即使词的词汇意义接近甚至相同，也不能使这些不同的词有同义关联。

词与固定语或固定语同固定语发生同义关系时，这同义关系也必须以两个关系项在句法功能上相一致为前提。如“勇气”或“计谋”就不能和“有勇有谋”组成一个同义组。因为，“勇气”“计谋”都是名词，很难在句中充作补语，而“有勇有谋”却可在句中作补语用。能和“有勇有谋”有同义关系的是同它在句法功能上一致的“智勇双全”。“风度”不能和“落落大方”有同义关联，也是由于这一词一语在句法功能上不一致；“大方”才是“落落大方”的同义单位。再如，“可乘之机”和“有机可乘”，“黔驴之技”和“黔驴技穷”，都不是同义语，因为它们没有相同的句法功能，意义所指的对象不一样。

在实践上，把相同词性的词或句法功能一致的词语收在一个同义组内，不但对指导人们正确地运用同义词语来说非常必要，而且也符合于同义单位反映在语言实际运用中的情况。事实上，人们在语言实践中能较易观察到的同义现象和经常用到的同义单位，都发生在语法类属相同的词语中间。即使是接受了张世禄先生批评的周祖谟先生，也还保留有自己的意见，他说，“我看到同义词基本上还都是词类相同的……我们在分列同义词组的时候，能照顾到词类还是好的”。[1]

近代和现代的同义词词典，如何对待同义词的词性，很值得参考。因为，词典编纂处理上的具体实践，能够检验理论的正谬或给问题在理论上的正确解答提供线索。有人曾以国内出版的汉语《简明同义词典》和一些同义词辨析书籍收有一些词性互异的同义词词目，作为词性不同的词可以成为同义词这一观点的根据[2]。但是，从目前已出版的国内外一些大中型同义词词典来看，都是把词性相同的词归在一个同义组的。如美国的《英语同义词语辞典》[3]、《美语同义词词典》[4]，苏联的《同义词词典》[5]、《俄语同义词词典》[6]等，都没有把不同词性的词收在一个同义组内，而且，或者标明每组同义词共有的词性，或者在易混淆的情况下把词性标示出来。《韦伯斯特新同义词词典》[7]的编者在导论中指出，同义词具有“指示的一致性”，而这种指示“必须指明词类”[8]。国内出版的《现代汉

---

① 见张世禄《词义和词性的关系》文末周祖谟〔附〕，《语文学习》1956年7月号。

② 梅立崇《词性不同的词能否构成同义词》，《逻辑与语言学习》1987年第1期。

③ Alfred Dwight Sheffield, A Dictionary of English Synonyms and Synonymous Expressions，1871年初版，1959年第四版。

④ Homer Hogen, Dictionary of American Synonyms, 1956.

⑤ A. П. Евгеньева 主编，《Словарь синонимов》，参考书，1975年。

⑥ З. Е. Александров 主编，《Словарь синонимов русского языка》，第四版，1975年。

⑦⑧ Webster's New Dictionary of Synonyms，1942年初版，1978年第五版。

语同义词词典》[1]，也是严格按照词性一致的原则确定同义单位的。这种未必是巧合的处理方法，或许可以说明一些问题。

4.6 词语的同义关系，除了受着相应的词语指同一对象、有同样的词性或句法功能这样的条件所制约，还受着一些外部条件的制约。这些必要的外部条件，可以说，也成了同义词语之间的结构关联的一般特点——它们不仅表现在同义关系上，也出现在其他词汇结构组织的内部关系上。

词语间的同义结构关系，必须在也只能在共时的平面上建立起来。在语言的同一时期，每个同义组包含的成员不仅数量确定，而且它们总得是同一语言系统内的共时事实，以此建立起一个稳定的结构组织。在这种共时状态下，同义组在数量上自然成为有定的，存在时间上的稳定性，可以通过鉴定而加以统计。由此可以看出，同义词语间的结构关系，远不是随便的、松散的集结和对应，而是严密地受着一定时间和语言系统的制约和固定的组织关联。词汇中一个个组织严密、结构完整的同义组的存在，正是词语同义聚合的共时性原则起作用的结果。

这一共时性原则，不仅要求由同义关系所结联的词语须是同一时期的，而且要求这些同义词语都是同一语言符号系统内的事实。这有几点须要辨明。

第一，非同一种语言内的词语单位，尽管它们所表示的概念可能是一致的，也不能有语言的同义关联。这道理很简单，语义是属于语言的，词汇语义上的联系只能发生在同一种语言的不同单位之间。但是，过去曾流行一时的同义词的确定要以

① 刘叔新主编《现代汉语同义词词典》，天津人民出版社，1987 年。

概念为标准的观点，很容易使人在这一点上产生误解。概念是思维的范畴，没有民族的界限，一个概念可由若干种不同的语言中的词语单位来表示。以概念相同与否作为划分同义词与非同义词的标准，很可能导致某些人在不同语言的词语单位间构建同义关联，而这样做是完全不正确的。准此，可知汉语的“自行车”和英语的bicycle不成其为同义词，日语的“手纸”也不和汉语的“信件”有同义关联。即使像“布拉吉”这样的词，它虽然来自俄语的платье，但是二者之间已没有了意义结构的关系，因为，“布拉吉”既是платье借进汉语来而在语音形式上被改造的产物，成为汉语词汇中的成员，它就只有可能和汉语中别的词汇单位（如“连衣裙”）发生同义关系，而不再与所借语言中的词汇单位有这种关联。

第二，同属于一种语言的词语单位，如果它们分属于不同的历史时代，也不能构成同义组。这是由于语言词汇的同义单位，是生活在某一历史时期中的全社会的人们共同使用的语言事实，它们须得在全社会人们的观念中产生同义联想，才可具备建立同义关系的条件。以汉语为例，纯属古代或近代而在现代业已消亡了的词语，都不能在今天和现代汉语中的词语单位发生同义关系。如，上古时代的“不穀”，不能和现代的“我”有同义关联，中古时代的“细君”，无法与今天的“妻”“妻子”“老婆”“内人”等构成一个同义组。近代的词如“把卡”[①]，也很难成为今天的“放哨”的同义词。当然，这样说并不意味着古代的一些词语都不能和现代的某些词语建立同义关联。只要古代的词语不专用于古代而沿用到现代，尽管它

① 参见史式《太平天国词语汇释》第229页，四川人民出版社，1984年。

们属于古词语，带有浓重的书面语语体色彩，也仍然有同现代的一些词语组成同义组的可能。事实上，在现代汉语中确定下来的为数相当不少的同义组里，就有许多这样的古词语。如，“惹事——生事——滋事”中的“滋事”，“革新——维新——破旧立新——除旧布新——革故鼎新”中的“革故鼎新”，就是这类词语。反过来看，如果今天使用的某个词汇单位在古代也已出现，那么，它当然有资格有可能同现代虽已消亡却在古代存在的某些词汇单位建立同义关联。但是，所建立起来的同义组，是古代的，而非现代的。如，“不谷”和“我”（还有“余、予、吾、朕”等）就是上古汉语的一组同义词。

与上述问题相关联的另一个问题是，现代的同义组只属于现代，而不属于古代；反过来看，古代的同义组也不能加入现代语言词汇。例如，“靠近——靠拢——接近——挨近”是现代汉语中的同义词组，“骄——傲——骄傲——骄矜——高傲——傲岸——倨傲——目空一切——目中无人——目无余子——目无下尘——翘尾巴”是现代汉语中的同义词语组，“身无分文——不名一文——不名一钱——一文不名”是现代汉语中的同义语组。这些同义组都只是现代的，未必在古代的某一时期也由这些同样的词语构成这样的同义组。与此相反，“弼——棐——辅——比——俌”（“辅助”义），“疆——界——边——卫——圉——垂”（“边境”义）等都只是上古汉语中的同义组[①]，未可把它们看作现代汉语词汇中的结构组织。

第三，即使是同一种语言的同一时期的词语单位，由于它

① 《尔雅·释诂第一》。

们处于不同的地域方言，或者分属于方言、共同语，也不好在它们之间建立同义关联。无论是方言与方言也好，方言与共同语也好，它们都是由一种语言历史地分化、发展下来的各不相同的语言符号体系，是母系统分化出来的各个子系统。尽管子系统与子系统之间的区别，由于母系统的统摄和影响，还没有语言与语言的差别那样大，但其实质是一样的。因此，不能把不同方言的词语或方言与共同语中的词语放在一起，认定为同义组。如，“看”和“睇”，前者是汉语普通话中的词，后者是粤方言词，二者分属不同的系统，难以构成现代汉民族共同语中的同义词组。客家方言梅县话的“鼻公”，也不能和汉语普通话中的“鼻子”构成现代汉语普通话的同义词组，因为两词各自所归属的系统不同。当然，并不排除“看”和“睇”，“鼻子”和“鼻公”在广州话或梅县话中有同义的可能，如果“看”“鼻子”也用于广州话或梅县话之中。过去常有人把各个方言的词和共同语的词拉在一起，认为可以成为一个同义词组，[①]这样的认识缺乏语言系统的观念，不能认为正确。至于各地方言的词语之间，就更难有同义关系了。比如，同是表示“从天黑到天亮的一段时间”这样一个意思，呼和浩特称“黑夜”，西安叫“黑咧”，成都说“晚黑”，昆明说“晚晨”“夜首”，扬州叫“夜头”。这些不同的说法，各地的人未必通晓，共同语中也没有吸收，它们各自处于某个方言系统而未进入别个系统之中，在意义上也就无由“同”，不能笼而统之地称它们为同义词。不同方言的词不能有同义关系，这一点 60 年代便有学

---

① 瓌一《谈同义词》，《语文学习》1953 年 8 月号；胡明扬《语言与语言学》，湖北教育出版社，1985 年。

者指出过[1]。

第四，不同的词语处于同一语言符号系统，亦即或者共处于共同语的系统中，或者同在某一方言系统中。这是它们之间发生同义关联的必要条件之一。不同的词语是否指称同一个事物对象，要得到整个语言社会的认可。整个语言社会认为某两个或两个以上的词语所指的事物对象是同一的，那么，这些词语的同义关系就具有了公认的性质，成为语言符号系统中的事实，成为语言现象。如其不然，也就是说，某些词语的意义只由个别人或极少数人在观念中把它们一致起来，未得到社会集体的首肯，未成为社会的习惯，那么，这种所谓的“同义现象”就还没有进入语言系统，只能是言语现象。言语的“同义”不能和语言的同义混为一谈。过去，曾有不少人把言语的“同义现象”与语言词汇的同义聚合或同义词语混同起来，如把“可憎”和“可爱”[2]、“高粱”和“庄稼”[3]、“俘虏们”和“你们”[4]等看成是同义单位。在他们看来，“《西厢记》里，张生管莺莺叫‘可憎才’，其实是说‘可爱’。而‘可憎’在这里却比‘可爱’更增加了感情色彩”，“也能成为同义词”。[5]“高粱”和“庄稼”各自所指的对象在种和类的关系上有明显的分野，两词是不能有什么同义关联的。可是却有研究者认为“在语言中具体运用时”，“不说‘高粱长得好’，而说‘庄稼长得好’，用类名代替种名，

① 见王理嘉、侯学超《怎样确定同义词》，《语言学论丛》第5辑第234页注①，商务印书馆，1963年；又见张志毅《确定同义词的几个基本观点》，《吉林师大学报》1965年第1期。

②⑤ 任铭善《同义词和词的多义性》，《语文学习》1957年4月号。

③ 崔复爰《现代汉语词义讲话》第88页，山东人民出版社，1958年。

④ 蔚群、濮侃：《同义词及其辨析法》，载《山西师院学报》1979年第3期。

两者成了同义词”。[①] 而“俘虏们”和“你们”所以“同义”，是因为“用‘你们’宣传教育的效果要好”。[②] 从以上例子不难看出，论者们举出的两对词的意义相当，只是个人的言语现象，是为了某种表达效果而临时出现的，并不是本来就有的同义关联。由说者加给这些词语之间的关系，只能凭借某种语境才能为人们所理解，语境一换，这种临时的意义关系即刻消失。把这些在意义上根本没有相同点而又难以使人们产生同义联想的词汇单位硬说成是同义词，是不合适的。当然，我们也注意到，有人为了区别一般意义上的同义词，特地说明具备这种关系的词汇单位，是“无定同义词”[③]。可惜，论者并没有把这种“无定同义词”与真正意义上的同义词从本质上区分开，却把它们视作语言词汇的同义现象之一种，认为可以“把它当作同义词看待”[④]。这不能不说是个失误。

词语中的同义，是语言单位之间稳定的同义现象。在临时的或个人言语中的“同义”，不是语言的同义。例如，鲁迅在小说《故乡》中，先是用“细脚伶仃的圆规”来形容猥琐的杨二嫂，嗣后，便用杨二嫂的这一显著特征直接指称她——

……圆规一面愤愤的回转身，一面絮絮的说，慢慢向外走……

这是为使言语和人物生动化、形象化的修辞手法，属于个人言语现象的临时借代。“杨二嫂”和“圆规”两个单位的意义之间并没有必然的因应关联，离开了特定的语境或言语上下文，人

① 崔复爰《现代汉语词义讲话》第 88 页。

② 蔚群、濮侃《同义词及其辨析法》。

③④ 崔复爰《现代汉语词义讲话》第 87 页。

们再也无法领略其中特殊的意味。因而，“杨二嫂”和“圆规”这些单位意义之间的关系，不能视作语言的同义关联。

与上述情况相关联，须要明确另一点：语言词汇中的同义现象当发生于词和语或语和语之间时，此中的“语”应指的是语言词汇的固定语，而非自由词组。词的自由组合体是言语成分，不是语言词汇的单位，因而，不能和语言中的词语有同义关系。

在一些言语作品中，作者们有时会把一些词和自由词组连用起来，而且，这些词和自由词组指同样的对象。但是，这并不表明语言的词汇单位和言语的自由词组之间可以建立语言的同义关系，而只表明，语言单位和言语单位可以在所指的对象上同一，这种同一是产生于语言运用的过程之中的，是作者把它们联系起来的。因而，这时的“同义”也只是言语的“同义”而已。例如：

㉗ 张得贵，真好汉，
跟着恒元舌头转：
恒元说个“长”，
得贵说“不短”；
恒元说个“方”，
得贵说“不圆”……

（赵树理《李有才板话》）

“不短”，不一定就是“长”；“不圆”，不见得就意味着“方”。作者却显然是要以此来表明二者所指是一致的，意义是相同的。但是，即令可以把它们的同义关系肯定下来，这种同义也只能是言语的，而不是语言的。因为，一者是语言单位，一者为言语成分，两者性质不同，无法在意义上进行比照，无法类同起来。

从以上四个方面的分析不难明了，确定同义词语，须要注意语言的共时性原则。具体地说，所确定的单位，必须是同一语言的，而且是同一语言的同一时期的，不能是不同历史时代的；必须是同一个语言符号系统的，不能是一个语言母系统所分化出的不同子系统之中的，更不能是跨不同语言的；必须是语言的，不能是言语的。如果不注意这些原则，势必无法界定真正的同义词语，不能认清同义词语及其相互关系的内涵和外延，甚至可能会导致把同义现象看作是随个人主观而定的东西，最终走向虚无主义。而把握住同义现象的语言共时性原则，语言词汇中的同义词语及其范围才能正确地确定，也才能够深入同义现象的内部，进一步对同义词语的类别进行研究。

5. 同义词语的类别

5.1 同义词语，从不同的角度可以划分出不同的类别。从意义关系的情况看，同义词语可分为等义词语和意义基本相同的词语这样两类。顾名思义，等义词语，就是意义的内涵和外延都无不同的词语；意义基本相同的词语，则是外延相同、内涵略呈差异的词语单位。

对于语言词汇中的等义单位，不少学者曾经谈过他们的看法。如有人认为，“通常叫作‘等义词’的，意义或用法实际上未必完全相等”①，因而，等义和同义“这样的区分法没有必

① 高庆赐《同义词研究的主要对象》，《语文知识》1956年第12期。

要”[1]。国外也有学者认为，“尽管两个词项被称作同义词，却并不意味着它们在意义上完全相等，即在任何上下文中都可以替换，并且有着同一的涵义——有时把它们叫作‘完全同义’，这种可能性未必可靠。”[2]这些学者的意见归结起来，就是语言中没有意义完全相等的词，因此，应该取消等义词的提法。还有人，在肯定语言词汇的等义现象的同时，又把等义单位的范围划得宽泛了些，个别并不等义的词语也被划入等义单位的行列中，[3]这就可能模糊了等义和意义基本相同的词语的界限，容易使人重蹈取消等义词语的覆辙。

在取消论者们看来，“等义”的提法是不妥的；语言词汇中没有意义完全相等的单位。奇怪的是，他们中谁都没有就“同义”的提法表示过异议。其实，若从语素意义上看，“同义词语”中的“同”和“等义词语”中的“等”，本没有什么不一样。既然用“同义”的概念可以表示语言中意义不完全同样的词语，那么对于“等义”的概念也就没有理由不可以较宽地来对待。

问题的关键，不在能否应用“等义”概念或“等义词”“等义词语”这样的术语来指意义相同或完全等同的词语，而在于，意义完全等同的词语单位是否在语言中存在。与取消论者们的意见相反，不少学者认为语言中是存在着为数不多的等义词语的。如有的学者指出，“词汇单位的完全同义和那些绝对同

---

① 张弓《现代汉语同义词的几个问题》，《河北大学学报》1964年第5期。

② DAVID CRYSTAL,A Dictionary of Linguistics and Phonetics,1985年，纽约。

③ 周荐《等义词语的性质和类别》，《天津师大学报》1988年第5期。

义词，在自然语言中是较少的”。[①] 还有些学者指出，“固然，语言中的等义词确实是很少的，但是绝对地否认它的存在也是不符合事实的”。[②] 对语言事实的大量分析、观察，可以印证这些学者的论断的正确性——语言中确实存在着意义完全等同的词语单位，尽管它们数量很小。

在一般学者看来，同义现象仅指意义基本相同的那类词语单位。这种认识并不适切。等义词语较之意义基本相同的词语，更具备同义的资格。只是由于等义词语数量不大，而意义基本相同的词语的数量远远大于等义词语，并且，同义单位的使用价值和研究价值又主要体现在意义基本相同的那部分词语上，因此，“同义词语”常可偏指意义基本相同的那类词语。但是，这并不表明同义现象不包括等义词语，等义词语不是同义单位。等义词语和意义基本相同的词语，是同义词语中的两个次类。

5.2　等义词语组中的成员，彼此的意义不但外延相同，内涵也一致。等义词语之间，意义完全相同，不存在意义上的细微差别的对照和制约，而只在形式构造和使用上彼此映衬。等义组可以说是最完全最彻底的同义组。它们大致可以分为如下几种情况：

（一）同素逆序词语相对照

离别——别离　　代替——替代

力气——气力　　严谨——谨严

---

① JOHN LYONS, Language and Linguistics, 第 148 页，1982 年，纽约。

② 王理嘉、侯学超《怎样确定同义词》，《语言学论丛》第五辑，商务印书馆，1963 年。

同工异曲——异曲同工

天长地久——地久天长

单枪匹马——匹马单枪

翻江倒海——倒海翻江

“离别”与“别离”、“同工异曲”与“异曲同工”等同素逆序词语之间的对照，只是词语形式的对立，没有意味或色彩上的分别，意义是完全相等的。但是，并不是所有的同素逆序词语都有资格形成等义聚合。有些同素逆序词语由于日后的发展增加了新的意义（如“网罗”之于“罗网”，“管保”之于“保管”），有些干脆改变了意义或根本就不等义（如“粮食——食粮”“求乞——乞求”），这新增加的意义、改变了的意义，以及本来就不相等的意义，当然不能与相对应的词语的意义构成等义关系。

（二）缩略词语与被缩略词语相对照

影院——电影院　　机枪——机关枪

电视——电视机　　西湖——西子湖

虎钳——老虎钳　　小伙——小伙子

中共——中国共产党

人代会——人民代表大会

北约——北大西洋公约组织

文改会——文字改革委员会

缩略词语与被缩略词语之间也不存在意味或色彩上的对照，它们形成意义完全一致的等义聚合。

（三）单音词与复音词相对照

爸——爸爸　　妈——妈妈　　哥——哥哥

这类单音词和复音词形成的同义聚合，没有意味的不同，也无色彩的差异，因此，两词之间存在着等义关系。但是，并非所有的单音词与由之产生出的复音词都可形成等义聚合。如，“头”和“头头”，前后两词的意义大不一样；“仅”和“仅仅”，虽都表示限于某个范围，但是“仅仅”的意思比“仅”的重些，有强调的语气色彩。像这样两组词，就没有等义关联。

此外，还有把不同语言指同样对象的词语音译进来，或把某种语言成对同义词语音译过来的两个外来词互相对照。例如，“阿芙蓉”和“鸦片”，前者音译自阿拉伯语的afyūm，后者音译自英语的opium，[1]都指用罂粟果实中的乳状汁液制成的一种毒品。“贝斯”和“赛路”，分别音译自英语的bass viol和Violoncello的缩略形式cello，都指大提琴。这里，每组词中的两个单位理性意义相等，色彩无异，以来源和语音形式不同而相互比照，形成等义的关联。

词汇当中的等义单位，除上边所列举的几类以外，也可能还会有一些，但是，可以肯定的是，数量会很有限。这是由于等义词语彼此在意义、色彩上并无不同，使用上显然有赘余。另外，新的等义词语虽也在产生，但旧的等义词语却总会有一些逐渐被淘汰，一般每组等义词语中只保留其中一个单位；而有些等义词语，尽管没有被淘汰掉，在日后的发展中却发生意义的变化，由互为等义变为互不等义。被淘汰掉的词语，是已经不使用的那些单位。这样的词语在现代汉语中不是很少见的。如像“安慰——慰安”“牵挂——挂牵”“折磨——磨折”“飞蛾投火——飞蛾扑火——飞蛾赴火”“白璧无瑕——白玉无

[1] 见刘正埮、高名凯等编的《汉语外来词词典》，上海辞书出版社，1984年。

瑕”。[①] 例中加着重号的词语，现在已经不用或绝少使用，可以认为是淘汰掉了。意义由相等转变为不相等的词语的例子，也不很少。如像“夜半——半夜”“积累——累积”“罗网——网罗”“问讯——讯问”等单位，或色彩上有了区别，或理性意义发生了变化，从而使得意义上形成了对照，而不再是等义的关联。

语言词汇中的等义单位，从每个聚合组往往保留下其中一个成员而其余的词语会遭到淘汰的现象来看，是规范化的对象。但是，规范化并非针对全部等义词语而言。不是所有的等义词语都属于消极现象。因此，像有些学者所断言的，“使用等义词在语言中只能增加麻烦，无助于语言的丰富与精密”[②]，似有绝对化之嫌。等义单位有时在某种文体尤其是韵文里，会有特殊的功用。以“安慰——慰安”为例，在诗歌中，韵脚要求押“言前”辙而且平声韵时，只可考虑“慰安”而不能用“安慰”，韵脚要求押“灰堆”辙而且仄声韵时，就只能选择“安慰”了。从这点上可以看出，一概而论地把等义词语视作语言的赘疣的观点，是有欠妥当的。

等义词语也并非只灭不生，如果只消亡旧的而不产生新的，或许今天已无必要来谈等义的问题了。事实上，“旧的等义词消失以后，新的等义词还会出现。完全避免等义词是不可能的。”[③] 由此也可看出，等义现象毕竟有一定的生命力。

---

① 固定语例引自蒋荫楠、郭熙编著的《同义成语词典》，江苏古籍出版社，1987 年。例中的着重号为引者所加。

② 马学良主编的《语言学概论》第 105 页，华中工学院出版社，1981 年。

③ 王理嘉、侯学超《怎样确定同义词》，《语言学论丛》第五辑，商务印书馆，1963 年。

既然等义现象中的部分单位，在语言运用中有一定的作用和活力，那么，对其所进行的规范化工作要格外审慎才行。因为，有些互有等义关系的单位，可能已在某个方面发生了变化。如“演说”和“演讲”这对等义词，几十年来，已开始有了彼此不完全一样的搭配环境：

演说：进行～，～者，～家，／

演讲：进行～，～者，／，～比赛

在这种情况下，硬性淘汰“演说”“演讲”的其中之一，都有违语言习惯，不利于同义组的丰富与发展。

5.3　词汇中的同义单位除去等义词语之外，其余意义基本相同的那部分同义词语构成一般同义组。一般同义组的成员，由于彼此在意义的内涵上同中有异地对照和制约，一般都个性鲜明，特点突出，在言语交际中有选用的价值。一般同义组既没有等义组可能存在的消极因素，数量又很大，占所有同义组的绝大多数，这使得它成为同义组中的主体部分。

这一大类意义基本相同的同义词语，可以按意义差异的不同情况分为如下三类：

（一）理性意义完全一致，只是感性意义（色彩）上存在差异。例如：

恰如——一般书面语用词，有书面语色彩
恰似——文言词，书面语色彩浓厚

窄——适用于口语和俗白文字，有口语色彩
狭——文言词，书面语色彩较浓厚
狭窄——多用于书面语，有书面语色彩

获悉——带郑重的态度色彩；文言词，书面语色彩浓厚
得悉——带庄重的态度色彩；一般书面语用词，有书面语色彩
得知——无特定态度色彩；用于一般书面语，书面语色彩较淡

请柬——含庄重、尊敬和客气的态度色彩
请帖——含客气的态度色彩

请教——有谦恭、客气的态度色彩
讨教——有谦卑的态度色彩
求教——谦卑的态度色彩较重

佩服——有敬爱的态度色彩，无形象色彩
拜服——有尊敬的态度色彩和形象色彩

棘手——有以荆棘作比喻的形象色彩
辣手——无特定的形象色彩，有口语色彩

枷锁——有以枷板和锁链作比喻的形象色彩
桎梏——有以手铐和脚镣作比喻的形象色彩

庸碌——含鄙夷的感情色彩
平庸——有轻视的感情色彩

⎡行径——贬义词，有恶感的评价色彩
⎣行为——在褒贬色彩上呈中性

⎡投合——在评价色彩上表现为中性
⎣臭味相投——有恶感的评价色彩

⎡无关——无特定形象色彩，有书面语色彩
⎣风马牛不相及——有形象色彩和书面语色彩

⎡有勇无谋——在语体色彩上呈现中性
⎣暴虎冯河——专用于书面语，书面语色彩浓厚

⎡有头有尾——适用于口语和俗白文字，有口语色彩
⎣有始有终——多用于书面语，有书面语色彩

（二）理性意义不完全一致，抽象反映同一对象的性质特点相互有些出入。如反映中有或没有对某个方面的侧重反映或强调，有或没有对某一对象的个别不重要的一般特点的反映，以及可能存在由使用范围的不同而带来的不同意味。但是，这些同义单位之间不存在感性的色彩之别。例如：

⎡看透——强调了解得深透，看出本质
⎢看破——强调认识得彻底，不被表面现象迷惑
⎣看穿——强调看出本有的性质或面目

⎡流畅——强调（语句）承接得自然而非常连贯
⎣流利——强调（语句）连贯得明快不滞

删节——强调去掉某些部分，只保留必要的部分
删略——强调省略某些内容，以求简省

巍峨、巍巍——都反映“有威势地高耸着”的特点，但“巍峨”比“巍巍”更明显地表示高大
崔巍、崔嵬——都反映“高大突出而气势不凡”的特点，但“崔嵬”还强调屹立
巍然——反映“挺拔的样子”这一特点

融合——强调不同的事物相互区别的特点和互相划分开的界限都消失掉，彼此完全合一
融会——强调不同的事物汇合了起来
交融——强调互相交汇、掺杂

巡行——侧重于按一定路线走动，含视察的意味
巡回——侧重于到各处去，无“巡行”所含的意味

近视——反映“看不远”的特点
目光短浅——着重表明只看到眼前一小块地方

愁眉苦脸——强调脸部表情的愁苦
愁眉锁眼——强调因愁苦而眉眼紧蹙
愁眉不展——强调因愁苦而眉头不舒展

手足无措、无所措手足——都表示因惊愕等原因不知如何是好，但“无所措手足”意思比“手足无措”重

（三）理性意义不完全一样，即意味有别，同时表达色彩也存在差异。例如：

迁就——强调放弃原则，顺应他人；在语体色彩上表现为中性
俯就——强调降格相就；有书面语色彩

气愤——强调生气，因不合理而激动；在语体色彩上呈中性
愤慨——强调感到可恨；有书面语色彩
愤懑——强调十分不满；有浓厚的书面语色彩

来源——侧重于从如何发展来看的起初发生的基础；无特定色彩
起源——侧重于最初产生的根据或情况；无特定色彩
滥觞——侧重于事物的本源和最初发生的情况；有形象色彩和浓厚的书面语色彩

漏洞——强调疏忽遗漏之处；有以小孔作比喻的形象色彩
破绽——强调掩饰不住的地方；有以裂口作比喻的形象色彩

收买——强调以现金买进实物的行为；无特定色彩
收购——强调需要集取所买的东西；有郑重的态度色彩

感念——强调感动的心情；无特定色彩
感怀——强调感触强烈而引起怀念；带凄伤的感情色彩

变通——强调依据不同情况，作原则性变动；无特殊色彩
权变——强调临时作变化；有浓厚的书面语色彩
随机应变——强调根据情况的改变，相应地发生变化；无特殊色彩

守旧——强调守持旧有的东西；语体色彩呈中性
因循守旧——强调因袭旧的东西；有书面语色彩
墨守成规——强调刻板地按过去的一切办事；有浓厚的书面语色彩

分崩离析——强调分裂，离开核心；有书面语色彩
四分五裂——强调分散而不完整；无特定色彩
土崩瓦解——强调分裂、毁坏；有形象色彩

泥牛入海、石沉大海——都强调一去无回音；都有形象色彩；“泥牛入海”有书面语色彩，“石沉大海”在语体色彩上呈中性
杳无音信——强调音信渺茫；有书面语色彩，无形象色彩

5.4　从同义关系所聚合的单位具有何种性质来看，同义词语可以简单地分为同义词和同义语两大类。在总的数量上，同

义词要比同义语多得多。不过，具体在个别同义组的范围内，则不见得总是词的成员占多数。现代汉语同义语的数量虽比不上同义词，却是相当可观的。同义语的丰富性，是汉语词汇同义聚合组织的一个重要特色。

如果从同义聚合的所有关系项彼此各以什么性质的单位而互相关联这种角度来看，同义词语就又可以分为“词：词”“语：语”“词：语”三种类型。它们实际上也同时是上面3.2节提出过的同义组的类别。这里多举一些实例来表明：

“词：词”类型的：

崛起——突起

前途——前程

可惜——惋惜——惜

明显——显然——分明

收复——光复——克复——克

手段——手腕——手法——伎俩

凶恶——凶狠——凶暴——凶横——凶

一点儿——点儿——些微——些小——些须

声音——声响——音响——声音——音——声

也许——或许——兴许——行许——或者——许——或

“语：语”类型的：

得寸进尺——得陇望蜀

穿凿附会——牵强附会

轻而易举——易如反掌——不费吹灰之力

荒诞不经——荒诞无稽——荒谬绝伦

积少成多——集腋成裘——聚沙成塔——积沙成塔

心中有数——胸中有数——胸有成竹——成竹在胸

"词：语"类型的：

无为——无所作为

放肆——肆无忌惮

稀少——寥寥——寥寥无几——寥寥可数——寥若晨星

空前——前所未有

有趣——有味——津津有味

靡费——挥霍无度

无味——乏味——索然无味——味同嚼蜡

真心——实心——实意——实心实意——真心真意——真心实意

6. 现代汉语同义词语的特点

一种语言的同义词语的特点，是指该语言同义词语一般构成上或结构关系上的特征。过去，曾有学者探讨过汉语同义词的特点问题，或者比较简单，多从音节结构是否对称上着眼，[①] 或者把每种语言都会有的情形算作汉语同义词的特点，如把同一事物有不同叫名视为汉语同义词的一个特点。[②] 研究同义词语的特点，必须深入该种语言的同义组织内部，探讨这种语言当中，同义单位在意义的一般构成上或彼此的意义

① 见高庆赐《同义词和反义词》，六，"汉语同义词有哪些类型"，新知识出版社，1957年。

② 见谢文庆《同义词》第83页，湖北人民出版社，1982年。

结构关系上有哪些绝不同于别种语言的特征。这种特征的探索，应该尽可能全面而完备，以求揭示这种语言同义词语特点的全貌。

以某种外语同汉语作比较时，常会看到这样的情形：某种事物用该外语来称说时，只有一个名称或两个同义的名称，而用汉语来说却不止两个；反过来，某种事物汉语只用一两个词语来指称，而另外的语言却有同义的两个以上的词语单位。比如，同是指称眼睛，英语只有eye，汉语有“眼”“眼睛”“目”；同是指人头，英语只有head，汉语有“头”“人头”“首”“头颅”“脑袋”“脑袋瓜儿”“脑瓜子”“脑袋瓜子”；而同是指正确行为或良好品质表现的标准，英语有pattern、exemplar、mirror、model、example、standard等词，[1]汉语只有“模范”“典范”“榜样”“楷模”。这种情形，是一种语言中的某个词语单位或同义组和另一种语言中的同义组或某个词语单位之间的具体区别，却并非各个不同的语言的同义组一般构造特点的差异。指同一种对象的同义组的成员多或少，同一种事物的名称有的存在同义系列，有的只单独一个，这在各种语言之间，是普遍存在的互有出入的现象，不成其为每种语言各有的特点。

对于现代汉语同义词语来说，它的特点也不表现在某个同义组有多少成员上，而是表现在现代汉语词汇中全部同义组的整个构造情况如何上。了解和利用这样的特点，是从体系的广阔的面上或构成规律上掌握现代汉语的同义组所必需的。

---

① 参考《Webster's New Dictionary of Synonyms》，1973年第四版，美国版。

现代汉语的同义词语异常丰富。这种丰富性的一个具体表现是，同义组数量巨大。如果只算常用和较常用的同义词组，而且有辨析价值的，大约有一千六、七百组。[①] 把不太常用的和等义关系的同义词组也算在内的话，数量可达 2500 组左右。如果把同义语也考虑进来，那么同义组的数量自然会更大。另一方面，在同义组内部，可以有单个儿的词和单个儿的词的对照，单个儿的固定语和单个儿的固定语的对照，单个儿的词和单个儿的固定语的对照，也可以有多词之间、多语之间、多词和多语之间的对照，有一词多语、一语多词等的对照。同义组所由构成的词语单位，往往不止两三个，而是四五个、五六个，有多达十个左右的。可知同义词语异常丰富。这种丰富性，加上同义组的巨大数量，就使现代汉语的词语同义聚合构成一个宏大而复杂的体系。这是现代汉语词汇同义现象的一个显著而可贵的特点。

现代汉语在同义词语的构成上，有两个重要特点，利于人们辨析意义的细微差异。

（一）同一同义组中的词大多含有共同的语素。

在复合词中，相同的语素，最能体现意义共同的成分；余下语素的不同，往往是意义细微差别的依据或表现所在。现代汉语中彼此同义的词，以复合词占压倒优势，因而同义组内的词可从其不同的语素来分辨词义的差别。不同的语素体现了意义抽象反映上的不同，即是否反映对象某个不重要的一般特点或是否突出对象性质的某个方面的差异。例如下列同义词：

---

① 刘叔新主编的《现代汉语同义词词典》收同义词 1640 组。

接纳 接收

炎热 酷热

力图 力求

照应 呼应

接近 靠近 挨近 逼近 迫近

顺便 趁便 就便 乘便 带便

指示 指点

流露 表露

追究 追查

频繁 频仍

决心 决意 决计

忽视 漠视 无视

耻笑 见笑 笑话

过程 进程 历程

抛弃 摈弃 屏弃 弃绝

幸好 幸亏 幸喜 幸而

熟悉 熟识 熟谙 谙熟

粗暴 粗鲁 粗野 粗犷

颜料 颜色

教育 管教

依附 附丽

萧条 萧索

反抗 对抗

反诘 反问

贯穿 贯串

气势 气魄

兴趣 兴味 兴致 意兴

回击 反击 还击

山脚 山麓 山根

奋发 发奋 奋勉

只看开头两组同义词的辨析：

“接纳”和“接收”都表示（组织）把个人或集体吸收和容纳进来。“纳”含有“纳入内部”的意思，因此，“接纳”强调容受进来纳入组织内部；而且，有郑重的态度色彩，多用于书面语而有书面语色彩。例如：“我被接纳为国际滑雪联合会成员国”（《人民日报》，1979.12.3）。“收”含有“吸收”的意思，因此，“接收”强调收下，吸收进来；多用于新的成员；无特定色彩。例如：“青年节那天我被接收为团员”；“组织上接收了我父亲的入党申请”。

“炎热”“酷热”都表示天气很热。“炎”含“火焰蒸腾”的意思，因此，“炎热”多用于骄阳似火的热天气。例如：“天气炎热，麦浪此起彼伏地也像在骄阳下喘息着”（杨沫《青春之歌》）。“酷”含有“酷烈难忍”的意思，着重于人的心里感觉，因此，“酷热”强调天气热到使人难以忍受的程度。例如：“他忍受着酷热……左顾右盼”（罗广斌、杨益言《红岩》204页）。

（二）单音词与由之发展出的复合词同义对应。

在汉语的发展过程中，双音复合词虽日益增多而占了绝对优势，但并不排斥作为其构造基础的单音词的存在。许多同义组中包含有这两种词。它们彼此在意义上的差别，往往在于单音词的意义不如发展出的复合词表现得那样显豁、丰厚，没有复合词的意义所强调的地方、特殊的意味、较重的语气。

单音词与复合词的对应，有的是一个单音词与一个或若干个复合词的同义对照，有的则是两个不同的单音词与由它们构成的一个复合词的同义对应。例如下列：

慢——缓慢

灵——灵活——灵敏——灵便

惜——可惜——惋惜

坑——坑害

匀——均乎——匀称——匀和

俊——俊美——俊俏——俊秀

救——搭救——打救——解救——拯救——挽救——援救

禁——禁止

受——接受——承受

揭——揭露——揭穿——揭破

查——检查——查看

罪——罪行——罪状

备——准备——预备

灾——灾祸——灾害——灾患

距——离——距离

离——别——离别

陈——旧——陈旧

骄——傲——骄傲

制——造——制造

正——在——正在

弯——曲——弯曲

挖——掘——挖掘

涂——抹——涂抹

堵——塞——堵塞

焚——烧——焚烧

贫——穷——贫穷

肥——胖——肥胖

灭——亡——灭亡

购——买——购买

现代汉语同义词语的特点，还表现在带有异常丰富的表达色彩。这类感性意义成分在互相比照、制约的同义关系中常起重要的作用。

在各种表达色彩中，以口语色彩、书面语色彩以及语体色彩上呈中性之间的对照最为普遍。例如：

书面语色彩	口语色彩	色彩上呈中性
通常		一般
水患		水灾
悭吝	小气	吝啬
竭力	拼命	极力
生存	活	生活
阔绰	阔气	
	篱笆	篱、篱落
絮叨	啰唆	
磋商、商	合计	商量
失言	走嘴	失口
清癯		瘦、清瘦
顺遂、一帆风顺	顺当、顺手	顺利
阿谀逢迎	抱粗腿、拍马屁	

井然、有条不紊		井井有条
井然有序		有条有理
锲而不舍		坚持不懈
处心积虑	挖空心思	
未雨绸缪		有备无患

词语意义的形象色彩同表义平直、抽象之间的对照，以及不同形象色彩之间的比照，也较为常见和突出。例如：

冲突	头绪	鞭挞	伟人
摩擦	眉目	抨击	巨人

漏洞	约束	中心	隐蔽
破绽	束缚	核心	荫蔽

吞	崩溃	惭愧	帮凶
吞食	解体	愧	爪牙
吞吃	瓦解	汗颜	鹰犬
吞噬	土崩瓦解		

探听	微薄	鄙弃	找死
刺探	菲薄	唾弃	飞蛾扑火
打探	绵薄		飞蛾投火

近在眼前	有始有终	续娶
近在咫尺	有头有尾	续弦

怀疑　无味　时机
疑惑　乏味　火候
疑心　索然无味
疑　味同嚼蜡　无关
狐疑　风马牛不相及

同义组的成员，往往以使用时有不同的词语搭配而互相区别、对立，这种情形在各种语言中都很常见。对于现代汉语同义组来说，有两种倾向性的表现，可以认为是汉语同义词语体系内部关系上的特点：

（一）单音词一般多同单音词搭配，双音词多同双音词相组合。例如：

卫——卫国
保卫——保卫祖国

淡——云淡，淡月
淡薄——云彩淡薄，淡薄的月光

独——独行，独眠
独自——独自行走，独自睡眠

功——无功，抢功
功劳——没有功劳，抢夺功劳

古——古柏，古字
古老——古老的柏树，古老的文字

（二）带浓厚书面语色彩的词语不同口语色彩的词语搭配，而同文言词语或带书面语色彩的词语相组合。语体色彩上明显不同的词语在与其他词语搭配组合时发生分野。例如：

寓居——日前即寓居此地。

同“居住”比较：几天以前就居住在这个地方。

启齿——此事实难启齿！

同“开口”比较：这件事实在难以开口！

聪睿——君在侪辈中确乎聪睿不凡！

同“聪明”比较：您在同辈人当中确实聪明和不一般呐！

如出一辙——尔等所为如出一辙。

同“一个样儿”比较：你们做的事一个样儿。

集腋成裘——集腋成裘乃可学富五车。

同“积少成多”比较：积少成多才能学问很大。

7. 同义词语的修辞作用

语言词汇的同义词语数量越多，使用这种语言的人们便越有可能把思想表达得精确，细致。同义单位能给表示一种事物对象提供多种多样的词语手段，使人们可以表达出意思的细微差别，表达出不同的意味、情态、话语风格和色调。如果熟悉很多同义词语，并且能够娴熟而准确地使用它们，就容易使言辞准确、生动。如果同义词语掌握得少，文章中颠来倒去总是那么几个词儿，不但干巴巴使人生厌，难以卒读，而且意思也难表达得准确和完满。

同义词语最重要的一种作用，是给精确的表达创造了条件。只要同义词语丰富，对同义单位选用得当，要表现的意思和感情态度就会贴切而完满地表达出来。下面，举几个例子来看：

㉘ 当我忧从中来，无可告语的时候，我一想到大海，我的心胸就开阔了起来，宁静了下去！

（冰心《记事珠·我的童年》）

例中的“心胸”，和“心怀”是同义词。这段话采用前者，不用后者。“心胸”突出思想感情的开阔程度，而且带有仿佛在胸中包含着的意味，正好表现作家大海一样的胸怀。“心怀”没有这种突出反映的内容和特殊意味，用到这里，虽不算错，却无法产生强烈的艺术感染力。

㉙ 天井里只有一片黑。鸣凤看不见一个人影。黯淡的灯光从觉慧的房间里射出来。

（巴金《家》）

“黯淡”的主要理性意义是“光线不足，不明朗”。可与它有同义关系的词，还有“暗”“昏暗”“幽暗”“阴暗”“暗淡”“昏沉”等几个。但是，“暗”，没有特别意味、色彩或突出的地方，而且多同单音词组合；“昏暗”，强调光弱，显得黑而模糊；“幽暗”，强调因光弱而幽深不明，适用于角落、山谷或深远处；“阴暗”，有“欠缺正常光线”的意味，时间不会是黑夜；“暗淡”，突出光弱所带来的不鲜明的特点；“昏沉”，强调光弱、色近黑而胧朦不清，含浓重、混浊的意味。而作家所表现的是，鸣凤面对胁迫，誓不受辱，决计以死抗争，本欲向所爱的人倾诉却又望而却步，陷入孤立无助的绝境。显然，用“暗”等都不适切。“黯淡”含有“缺少生气”的意味，用上它，逼真地写出了婢女的悲惨境地和整个的黑暗世界。

㉚ 孩子，我多担心你身心的健康和平衡；一切都得未雨绸缪，切勿到后来悔之无及。

（《傅雷家书》）

例中的“未雨绸缪”和另外的一个固定语“防患于未然”是同义语，都表示事先防备。但是，“未雨绸缪”委婉一些，“防患于未然”语意重一些。在这里，作者担心爱子身心健康和心理平衡，用“未雨绸缪”委婉可亲，非常适当。

㉛ 她胸无城府，开门见山，爱之欲其生，恶之欲其死，几间不容发。

（李广田《引力》）

例中的“胸无城府”，除表示待人坦率的意思外，还突出“待人处事不藏心机”的意味，用在这里，恰切地表现出青年胡倩的坦诚、率真。与“胸无城府”同义的另一固定语“胸无宿物”，却突出“老谋深算”的意味，用在这里，显然不适当。

同义词语还有两个特殊的表达作用，一是避免使用词语重复、单调，二是使所表达的意思丰厚而显豁。

在一句话内或话语中相隔不远的地方，常常需要重复提出某种事物对象。如果不变地重复使用指这对象的同一个词语，有时会使人感到呆板、单调，影响表达效果。若换用同义的词语，话语就变化有致，活泼生动。例如：

㉜ 卢沟桥本来是一个中外闻名的名胜，又是抗日战争的起始，这就更加有名了。

（冯友兰《三松堂全集》第一卷）

㉝ 她还瞧呢，还没瞧够？天天瞧，月月看，还看个没完。

（谌容《懒得离婚》）

㉞ 我一向读人家的作品，为什么有的读了，没有味道，有的读了，其味无穷，说不出道理，这下可明白了。

（艾芜《风波》）

㉟ 现在把我们扔在一边，爱死不死，爱活不活，理也不来理睬我们。

（洪深《香稻米》）

㊱ 赵清阁同志闻亦溘逝，内人谢世亦已三年，今尚在者惟兄与凤子同志及弟耳。

（《茅盾书信集》）

㊲ 小霞唉呀了一声，一跤翻倒在地上，随手把三齿钩朝那狗打去。哪知不偏不歪，打个正着。

（方纪《老桑树下的故事》）

㊳ 当爹的穷了一辈子倒是情真，可没有鬻过儿卖过女！

（梁斌《红旗谱》）

㊴ 所谓回忆者，虽说可以使人欢欣，有时也不免使人寂寞，使精神的丝缕还牵着已逝的寂寞的时光，又有什么意味呢，而我偏苦于不能全忘却，这不能全忘的一部分，到现在便成了《呐喊》的来由。

（鲁迅《呐喊·自序》）

由于同义词语表示同一事物对象而又微有差别，有时连用两个同义单位，可以把对象表现得完备、周遍，使语意丰满、厚重而且更为显豁，或者强调了语意而又不致简单、呆板地重复。例如：

㊵ 蒲松龄的《聊斋志异》也是这样，其中故事虽多谈狐说鬼，实际上却是借以讥时讽世……

（蔡仪主编《文学概论》）

㊶ 他常好说两句开心话，说是“吃饱了一家不饥，锁住门也不怕饿死小板凳。”

（赵树理《李有才板话》）

㊷ 发大财的人们，每天吃的是外国大菜，穿的是西装洋服，住的是高楼大厦……

（老舍《王老虎》）

㊸ 年年穷，岁岁寒，受足了人家的闷气，看够了人家的嘴脸！

（洪深《香稻米》）

㊹ 女人把故乡一点家私或典或卖，不惧危难，不畏辛苦，居然带着孩子跑了出来。

（李广田《欢喜团》）

㊺ 中国的所谓天才，是说天生有些聪明，才气。俗话谓之天分、天资、天禀，不问将来成就如何。

（聂绀弩《回忆我和萧红的一次谈话——序〈萧红选集〉》）

㊻ 靠临渴掘井，临时抱佛脚的突击记忆，虽然在短期内可能会有些效果，但是，这种记忆很不牢固……

（许立功《记忆术与健脑操》）

㊼ 口蜜腹剑，笑里藏刀，当面烧高香，背后打黑枪，这就构成了国民党官场中尔虞我诈，互相利用，互相倾轧的人与人的关系。

（黎汝清《叶秋红》上卷）

㊽ 这和那些心怀不轨、故意整人，用你时朝前，不用你时朝后，踩着你往上爬，以至过河拆桥、推完磨杀驴吃的，是根本不同的。

（《人民日报》1985.1.10）

从以上所举的例证可以看出，词汇同义单位在修辞上有着重要的作用。它可使文章错落有致而不繁复冗赘，丰厚细腻而不臃肿乏味。正由于此，作家们经常运用同义词语，书写出绚丽多姿的篇章，描绘出璀璨多彩的画卷。

第三部分　反义词语

8. 反义词和反义组

8.1　一般人把语言中意义相反或相对的单位，不管是词还是固定语，都看作反义词。这里，推敲一下，存在着不少模糊不清的地方。至少有几个方面的疑问：什么才算意义的相反，或什么才是反义关系所要求的“意义相对”？成为反义词的必要条件仅只是意义相反或相对吗？固定语在意义上相反也可称作反义词吗？“反义词”究竟指的是单个的词还是指由反义关系联系起来的两个词或两个以上的多个词？

暂且把上面前三个问题搁下，只看最后一个疑问应该如何澄清一下。

“反义词”这个术语在意义上是不应该含糊或模棱两可的。其实，它表示的只是同某个或某些单位存在反义关系的词；这词在较多情况下是一个，有时可以不止一个。比如若A词和B词存在反义关系，或者C词同D词及E词都存在反义关系，那么就称A和B各是对方的反义词，C是D或E的反义词，D或E都是C的反义词。如果要把“反义词”用来合指A加上B的整个总体，或者把C、D、E的汇合称为反义词，都是欠妥善的，容易混淆不同的概念或对象。互有反义关系的词聚合起来的总体，可以给予另外的名称，这在下面再说。

8.2　同别的词汇成员有反义关系的单位，其实不限于词，还有固定语（即固定词组）。比如“表里如一”，同“表里不一”是截然相反对立的，而且经常在一起对比而用，两个固定语之间，就存在着无可置疑的反义关系。再如“流芳百世”与“遗臭万年”，“先发制人”与“后发制人”，“不偏不倚”与“偏颇”，“明辨是非”与“昏聩”，就都是互有反义关系的词汇成员。因此，语言中除了反义词，还存在着与一定固定语或词有反义关系的固定语。那应该称为反义语。

从反义关系的性质和反义单位的词汇功能地位来看，反义语和反义词是一致的。尽管如此，正像需要区分同义词和同义语那样，把反义词同反义语区别开来又有其必要。

这样，在词汇中，实际上存在着三种反义方式：

（一）词——词。如“高——低”“长——短”“死——活”“进步——退步”“光明——黑暗”“前进——后退”“进攻——退守”“雄狮——母狮”“教师——学生”等等。

（二）语——语。如“大恩大德——小恩小惠”“宏观世界——微观世界”“朝气蓬勃——暮气沉沉”“一心一意——三心二意”“力争上游——甘居中游”等等。

（三）词——语（语——词）。如“棘手——轻而易举”“慌忙——不慌不忙”“细致——粗枝大叶”“顾忌——肆无忌惮”“有理有据——无理”“大高个儿——矮子”等等。

反义词和反义语，须要统合起来给予一个叫名，称为反义词语。

8.3　互有反义关系的词或固定语，若从彼此聚合起来形成的整个总体来看，既然是一个结构组织，就不应也称为“反义词语”（或“反义词”“反义语”），以避免概念上的混淆。可以把这种组织整体称为反义组。

反义组以其成员间强烈而鲜明的对照，成为词汇中最引人注意的对立结构组织。反义关系的对立，已被一些学者肯定为词汇当中各种结构对立性中最明显的一种。[①] 具有这种明显对立特色的反义组，和成员间大同小异地对照的同义组，不仅迥然有别，而且是有极大差异的。

9. 如何确定反义词语或词语的反义关系

9.1 什么叫“反义”，从字面上看，似乎十分简单、明白，指的是意义彼此相反。但是，如果就按这种字面意思来理解反义词或反义关系，却未免表面化和简单化，并未能充分认识对象的实质。如一部 50 年代出版的语言学词典，对“反义词”的理解仅仅是“表示和另一词意思相反的词”。[②]70 年代出版的另一部同类的词典，其“反义词”条目的解释内容基本上也还是一样：“指两个或两个以上具有相反意义的词中的一个”。[③] 问题是要进一步推究，意义的相反意味着什么样的情况，或者说，怎样才算意义的相反？这个为求得彻底认识的关键问题，

① 如 John Lyons 在其 Semantics 第一卷（1977 年，剑桥大学出版）第 271 页中，就明确地作了这种肯定。Geoffrey Leech 也把反义词之间的对立置于词汇各种二分和多分分类法的对立之首，见其 Semantics 第 106—117 页，1974 年，英国企鹅书社。

② Mario A. Pei、Frank Gaynor: A Dictionary of Linguistics, 第 15 页，1954 年，哲学图书馆，纽约。

③ R. R. K. 哈特曼、F. C. 斯托克：《语言与语言学词典》，汉译本第 24 页，上海辞书出版社 1981 年出版；原书，伦敦应用科学有限出版公司 1972 年版，1973 年印。

显然在术语字面的或表面的解释中找不到解答。再说，只是意义相反，就一定形成反义关系吗？两个彼此意义相反的词就必然互为对方的反义词吗？意义相反和反义关系之间是否可以划个等号？这些同样重要甚至更带关键性的问题，也是一般简单化的反义词定义没有回答和触及的。

按照这种简单化的定义，难以合理鉴定，语言现实中许多彼此意义相反或对立的词（还不说固定语）是不是反义词，即难以确定反义关系和反义组。比如“红”与“蓝”，“红”与“绿”，“清洁”与“污浊”，“赠送”与“退回”，“水”与“火”等，要说彼此意义相反，似乎未必完全正确，也似乎未必都错。而据此要确定每对词都互为反义词，彼此间都存在反义关系而两两构成反义组，就会有更多疑问。

要确定反义词语或词语间的反义关系，显然必须解决两个方面的问题：一是弄清什么算意义的相反，以及意义相反同反义关系的关联；一是划清反义关系与同它相近的其他词语意义对立关系的界线。

9.2　词语意义相反，是互相排斥地尖锐对立。用一个更加明白、简洁而不带哲学意味的话来说，意义相反就是互不相容。[①] 如果A 和B 意义相反，那么可以表示为

$$A \times B$$

符号“×”的意思是：B 义是A 义反面，A 义也是B 义的反面，彼此互相排斥和否定。如“强”与“弱”，“活”与“死”，两对词

① Geoffrey Leech 在其Semantics 一书（英国企鹅书社，1974 年）中以“不相容性”（incompatibility）来代替“反义现象”（amtonymy）（见该书第 99 页及以下）。这里参用其“不相容性”。

各在意义上前项和后项相反，肯定是前项就不容许是后项，肯定是后项也不容许是前项，彼此不能相容。是活，当然不能是死，是死就不容许又是活；是强，不能有弱的任何性质特征，是弱便不容许有强的特征。这就是“强”与“弱”、“活”与“死”语义上彼此相反，即前项与后项之间有着A×B的关系。再如“雄狮”与“母狮”，“教师”与“学生”，“混同”与“泾渭分明”，乍一看，仿佛不像“强——弱”“活——死”那样尖锐地相反，实际上也同样互不相容。狮子是雄性的，就绝不容许又是雌性的；是雌性的就不容许带雄性的特征。在教师与学生两方互相联系在一起的范围内，是教师便不是（对方的）学生，是学生也不能又是（对方的）教师。是混同，自然绝不能表现为泾渭分明；是泾渭分明，就不可能容许任何混同的性质。因此，“雄狮”与“母狮”之间，“教师”与“学生”之间，“混同”与“泾渭分明”之间，同样存在着A×B的关系。

词语的意义相反，是必须以逻辑上概念的矛盾关系或反对关系为基础的。如“活”的意义之所以同“死”的相反，因为体现了概念的矛盾关系“A——非A”：

活（A）——死，即非活（非A）

同样，“去”与“留”，“静止”与“运动”，“是”与“非”，“内”与“外”，“雄狮”与“母狮”，“甘心”与“不甘”，“表里如一”与“表里不一”等，意义的相反也是由于有概念的矛盾关系的基础：

去（A）——留，即非去（非A）

静止（A）——运动，即非静止（非A）

是（A）——非，即非是（非A）

内（A）——外，即非内（非A）

雄狮（A）——母狮，即非雄狮（非A）

甘心（A）——不甘，即非甘心（非A）

表里如一（A）——表里不一，即非表里如一（非A）

而像“强”与“弱”，“冷”与“热”，“长”与“短”，“骄傲”与“谦虚”，“教师”与“学生”，“流芳百世”与“遗臭万年”等，前后项的意义之所以是彼此相反的，并不由于体现了概念的矛盾关系（因为只有不强才和强相矛盾，而不强不就是弱，可以是不强不弱；不冷不一定是“热”，而可以是温或凉；不是教师并不见得必是学生，而可以是辅导员、管理人员等；不流芳百世，不见得就必然遗臭万年，而可以表现一般，平平常常地过一生，等等），而是由于体现了概念的反对关系“A——反然对立于A的”：

强（A）——弱，同强反然对立的方面（反然对立于A的）

冷（A）——热，同冷反然对立的方面（反然对立于A的）

长（A）——短，同长反然对立的方面（反然对立于A的）

骄傲（A）——谦虚，同骄傲反然对立的方面（反然对立于A的）

教师（A）——学生，同教师反然对立的方面（反然对立于A的）

流芳百世（A）——遗臭万年，同流芳百世反然对立的方面（反然对立于A的）

如果缺乏概念的矛盾关系或反对关系的逻辑基础，或者说，不体现这样的概念关系，那么词语意义间不管出现什么样的对立，都不能是意义的相反。不少人认为，只要词汇意义互相对立，即所谓含义相对，就是词语在意义上相反。这样来理解，是有问题的，至少阉割了或忽略了意义相反所必要的逻辑基础，模糊了意义相反的重要性质。因为词汇意义的“互相对立”或“相对”，是异常广泛的现象，其中很多并不体现概念的矛盾关系或反对关系。[①] 比如“红”与“绿”，可以认为彼此在意义上是“相对”的：人们并非偶然地常把这两个词放在一起对立来用，如说“红花绿叶”“红男绿女”“红灯绿酒”。但是“红”和“绿”的意义，相互之间体现不出概念上矛盾或反然对立的关系。又如“空闲”与“忙乱”，“分手”与“会面”，“卵”与“石”，“口讷”与“口若悬河”，人们也常对立来用，形成悬殊的或鲜明的对照，显然彼此意义相对。但是每对词语，从意义上所体现的概念来看，并不存在逻辑上的矛盾关系或反对关系。因此，“红”与“绿”，“空闲”与“忙乱”，“分手”与“会面”等，并不构成意义的相反。

9.3　词语之间如果意义相反，是否就意味着彼此成为反义词语呢？意义相反是否就等于反义关系？回答不能是肯定的。意义相反虽然是词语间建立反义关系的重要决定因素，却只是一个基本条件，并非充足的条件。词语间的反义关系，除了必须有意义相反的性质，还须具有其他一系列因素或存在条件。在某些教科书和著作里，流行着这样一种说法：反义词是词汇意义互相矛盾、对立的词，[②] 或者说，彼此含义相反或相对的词

---

① 参看刘叔新《释义中的“相对”和反义关系》，《辞书研究》1986年第2期。

② 胡裕树先生主编的《现代汉语》增订本（1981年，上海教育出版社）是这样说的，有一定的代表性。见该书第270页。

是反义词。[①] 这里除了把含义相对（或意义互相对立）同意义相反混淆了起来，更大的问题，就在于简单化地把意义相反看作两个词互为反义词的唯一决定因素，即在意义相反和反义关系之间画上了等号。

要看出反义关系来，无疑首先须察看是否表现出以概念的矛盾关系或反对关系为基础的意义相反。然后，还须看是否具备其他重要条件——一些必要的充足条件。这些充足条件不算少，下面要分别来说。

（一）意义上互为存在的前提。

这是说，若没有A义，便无所谓B义，不存在B义，也无所谓A义。这种相互依存的关系，可简单表示如下式：

$$A \Longleftrightarrow B$$

比方，没有“活”的意义，无所谓“死”；没有“死”的意义，“活”义不会有其存在。只有存在“强”的意义，“弱”义才有存在的可能和必要；只有存在“弱”义，也才能够和需要存在“强”。有“学生”指的对象，才能有“教师”的意义；反之，没有“教师”指的对象，“学生”自然不可能有其意义。所有反义组内部的反义关系，都必然具有也必须具有这种互为前提地相互制约的因素；因为这种相互决定对方存在的制约，能使相反的两方得以紧密联系而形成强烈对照。仅是彼此相反，互相排斥和否定，只有互不相容的一面，是难以形成强烈而鲜明的相反对照关联的，须得另一方面以互为前提的极大制约相配合，把双方紧紧地关联起来，才能造成和巩固反义关系。因此这两个方面

① 见孙常叙《汉语词汇》第257页，吉林人民出版社，1956年。这样的说法也有代表性。

统合起来的总体，是反义聚合的韧带，是反义关系的根本内容。反义关系缺少这当中任何一个方面，都不可能成立。两个词语之间，如若意义上相反，但不互为存在的前提，那就不能认为有着反义关系。如“红”与“蓝”，一个所指的颜色是暖色的典型代表，一个则是冷色的典型代表；红蓝铅笔半截红，半截蓝，用红的意味着不用蓝的，反之亦然。这样，有理由说“红”和“蓝”在意义上相反。但是，却很难认为“红”和“蓝”互为对方的反义词，相互之间存在什么反义关系；因为两词的意义并不互为前提，没有红色不会就没有蓝色，没有蓝色也不会就没有红色。[1] 又如“水”与“火”，意义上可以说是彼此相反，因为通常用水来灭火，在汉族人民的传统观念中，是“水火不能相容”的。可是两词的意义并不互为前提：水的是否存在不受火的影响，火也不会由于没有水而失去存在的可能。因而不能认为“水”与“火”之间存在反义关系，不能说“水”与“火”互为对方的反义词。

可见，互为存在前提地彼此制约，也是反义关系的一个决定因素，一个重要的条件。不过，由于往往在成了对方的矛盾方面或反然对立方面时，会出现没有对方则这矛盾方面或反然对立的方面难以存在的情形，语义的相反是很容易给互为前提提供基础的。事实上，绝大多数语义相反都伴有互为前提的制约，不带这种制约的语义相反是比较少的，而语义上仅只互为前提却不同时相反的情形（如“旋律⇌音乐”“商品⇌买

① “红”与“蓝”相互之间在意义上另有一种制约关系，不过这是颜色词系列中一个成员与其他成员之间都存在的“分割对象”的关系，不是互为存在前提的制约。

卖”“海军⇌舰艇”“军队⇌作战”“报纸⇌新闻报道”“资本主义⇌劳动市场”)则并不少见。可知,互为前提的制约和意义的相反都同反义关系有着因果关系;但是这种联系,在程度上互为前提的制约不如意义相反的强。可以说,在反义关系的范围内,互为前提的制约还在某种程度上以意义的相反为基础。因而互为前提的制约对于反义关系所起的决定因素的作用,不如意义相反的大。

(二)不同词语的理性意义只在某个方面上相反,其他方面须彼此一致。

Geoffrey Leech 在其语义学著作中,显露了这一在语义成分方面的条件的端倪。他以woman 的反义词既是girl,又可以是man 为例,指出反义词“只是在一个维度上对照的词”。[①] 所谓“维度”,是概括不同意义中某个成分或某个方面而形成的某种意义角度或范畴。woman(妇女)是在“是否成年”的维度上同girl(女孩子)相反地对照,而在“性别”的维度上同man(男子)相反对照的。“是否成年”的维度,是woman 的“成年”意义成分和girl 的“未成年”意义成分的概括,“性别”的维度把woman 的“女性”意义成分和man 的“男性”意义成分概括了起来。可知维度在这里是同词语意义的某个成分或某个方面相因应的。而维度是不同词语在意义上相反对照的枢纽,是个中心;不同词语单位的意义对照如果同时不止有一个维度,就是多中心。多中心不能造成集中在一项上的对照,从而不能在人们的语感中形成有鲜明、强烈的相反对照的反义关系。像“父”和“女”,“母”和“子”,都既在性别的维度上相反

① Geoffrey Leech: Semantics,第 99 页,1974 年,英国企鹅书社。

地对照，又在亲代的维度上相反地对照，前后项之间就不存在反义关系。因此，反义关系只能在一个维度上形成。这也就是说，相互有反义关系的词语单位只能在共属于一个维度的意义成分或意义某一方面上彼此相反。正如有的研究者所强调的，“必须在某一个语义成分上相反，而且只在某一个语义成分上相反”。[1]

不过，仅指出这一点，还不够清楚和彻底。还需要明确“某一个语义成分”的范围以及其他语义成分应该具有什么样的状态。

这相反的某一语义成分，还必须是主要的理性意义成分，能够和一个维度相因应的成分，而不能是难为一般人所辨知的意味（次要理性意义成分），不能是感性的色彩，也不能是本身不单独体现维度的理性意义成分。为避免各种语义成分容易混淆概念、模糊认识，可以换一个简单，明快而稍带含混的说法：某一个相反的语义成分就是意义某个相反的方面。而相反的意味（如“打破砂锅问到底”的意味“觉得奇妙”与“厌倦”的意味“认为平淡无奇”，“无动于衷”的冷淡意味与“关怀备至”的热情意味），相反的感性色彩（如“热心”与“热中”，“不落窠臼”与“标新立异”，前项的好感评价色彩和后项的恶感评价色彩），都不能成为反义关系中作为关系项的意义某个相反方面。就词的意义来说，主要的理性意义成分如果是个不单独体现维度的义素，也构不成意义的相反方面。换言之，词的意义的某个相反方面可以是一个主要的理性义素，也可以是这类义素若

① 石安石、詹人凤《反义词聚的共性、类别及不均衡性》，《语言学论丛》第10辑第78页，商务印书馆，1983年。

干个的综合；在后一种情形下，每个主要理性义素就都不是单独体现维度，自然不能单独成为意义的相反方面。如“日”与“夜”语义相反，是由于前者的语义成分“有太阳的光线”与后者的语义成分“无太阳的光线”恰好相反，这里意义的相反方面仅是个主要的理性义素。但是“教师”和“学生”，其意义的相反方面（即相反的语义成分）就不是同主要的理性义素一对一的：[1]

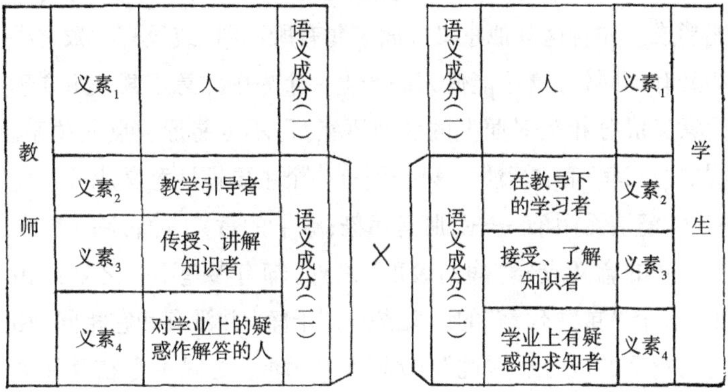

就固定语的意义来说，意义的相反方面可以是一个词的意义所充当的语义成分，也可以是若干个这样的成分综合起来的复合意义。比如“无的放矢”和“有的放矢”，意义的相反方面是一个词的意义——“无”义、“有”义；“全心全意”与“半心半意”，意义的相反方面也是一个词的意义——“全”义、“半”义。而“失道寡助”和“得道多助”，两个词义综合起来的复合意义——“失掉……（就）少”、“得到……（就）多”——成

① 下面的图表，摘自刘叔新《论反义聚合的条件和范围》一文，见《语言研究论丛》第五辑第23页，南开大学出版社，1988年。

为意义的相反方面；“多快好省”和“少慢差费”，是综合四个词义的复合意义——“多而快又好而省”、“少而慢又差而费”——成为意义的相反方面（两个固定语都另有一个意义成分或意义方面——“干事情的效率”）。

两个词语单位只在一个主要的理性意义成分上相反，还不一定能形成反义关系。须得其他理性意义成分或其他意义方面处于适当的配合状态——彼此完全一致，这反义关系才有可能形成。如若这其他意义方面彼此有所不同，或虽有一致之处却又有不同处，就不能使人们产生一个集中注意于某一主要理性意义成分相反对照上的强烈语感，即不可能形成反义关系。例如“干净”和“污浊”，只分别有一个主要理性意义成分彼此相反：清洁无污染——肮脏有污染；余下的意义方面，除了包含有相同的意义成分“净污表现”之外，却有参差不一之处：“污浊”有个“混浊不清”的语义成分，“干净”并没有和它相同、相当或相反的成分。因此“干净”和“污浊”之间不存在反义关系。又如“姑娘”和“老太婆”，彼此诚然只在一个主要的理性意义成分上相反：年青——年老，但是余下的意义方面中有一致的成分——人，女性，也有不一致的成分：“姑娘”的“未婚”不同于“老太婆”的“不一定已婚”。正由于另有不一致的理性意义成分，“姑娘”和“老太婆”不能互为反义词。

如果除了在一个主要理性意义成分上相反之外，又有另一个主要理性意义成分相反，自然也违反了“一个相反、其余相同”的条件要求。如“母”与“子”，既在亲代意义方面上相反（上一亲代——下一亲代），又在另一重要的性别意义成分上相反（女性——男性），因此相互之间不能建立起反义关系。

只有在其他意义方面（理性意义成分）的背景完全一致的条件下，一个同对方相反的主要理性意义成分才显得突出，相互间才可能有鲜明的相反对照。

有的研究者认为，词语意义中可能有的褒贬色彩对反义关系的形成起条件制约的作用：A 带褒的色彩，B 若与 A 有反义关系就必须带贬的色彩。这种观点只反映了一部分反义组的情况，并不全面符合实际。褒贬色彩只是某种感觉、感情或态度，是感性的东西，不体现概念，而反义关系的根本因素须是概念间的矛盾关系、反对关系及互为因果的关系（意义上互为存在前提的逻辑基础）。因而褒贬色彩不能成为反义关系的决定因素。两个词语单位只要有一个主要理性意义成分相反，其他理性意义成分彼此一致，并且在意义上互为前提地制约，那么不论它们在褒贬色彩上表现情况如何，都不致影响它们之间存在反义关系的可能性。如“自大”和“自卑”，虽然都带贬的色彩，但是由于在一个主要的理性意义成分上相反（自认为很高明或了不起，比别人强——把自己看得很差，以为自己不能赶上别人），其他理性意义成分一致（都是“对自己的估计”，“一种心理并反映在言行和对别人的态度上”），在意义上又互为前提（没有自大，就无所谓自卑，反之亦然），就仍然具有互为对方的反义词的基本条件；事实上它们彼此之间正是存在着反义关系，这恐怕没有谁能持异议。又如“热心”和“热中”，尽管一个有褒的色彩，一个有贬的色彩，它们彼此却并无反义关系，因为它们的主要理性意义一致，不符合反义关系在理性意义方面的要求。这两个词倒反而是相互存在着同义关系。

由于褒贬色彩比所有其他表达色彩都更为密切地同理性意义相联系，褒和贬又恰好是矛盾的，因而可以看到很多互有反义关系的词语同时也在褒贬色彩上相反对照，如“干净——肮脏”“凶恶——温和”“丰润——干瘦”“丰富——贫乏”“明辨是非——昏聩”“刚愎自用——从善如流”“君子——小人”“慈眉善目——恶眉恶目”“当机立断——当断不断”之类。不过，这里褒贬色彩上的相反，只是理性意义相反的一种或然的附随现象。反义关系本质上是理性的。不能由于它有时附随着色彩相反的现象，而就把这种附随的色彩看作它的必然条件。事实上，两个词语单位都带褒的色彩或都带贬的色彩，或者其中一个带褒的或贬的色彩，而另一个在褒贬上中性，彼此之间一样可以存在反义关系。这样的情形是并不少见的，如“秾丽（褒）——清丽（褒）”“佳人（褒）——美男子（褒）”“纤巧（贬）——粗笨（贬）”“规行矩步（贬）——越轨（贬）”“大材小用（贬）——小材大用（贬）”“热心（褒）——淡漠（中性）”“伟大（褒）——平凡（中性）”“从容不迫（褒）——匆忙（中性）”“富于春秋（褒）——景近桑榆（中性）”“寡情（贬）——多情（中性）”“傲慢（贬）——谦恭（中性）”“拐弯抹角（贬）——单刀直入（中性）”“锋芒毕露（贬）——不露圭角（中性）”。

（三）不同的词语单位，相互间若要建立起反义关系，它们就必须能共同出现在某种风格、某种语体之中。

只有可以共同出现在某种风格、某种语体中的词语单位，才有可能被人们看作是互有联系的，从而也才有可能相互之间建立起相反对照和互为前提的联想和关系。两个词语单位，如果在任何使用场合（这场合除了交际的环境，总要表现为一定的风格、一定的语体）都不碰在一起，是说不上彼此存在什么反义关系的。在人们的使用中常碰在一起，就意味着共同出现在某种风格和某种语体之中。因此，风格和语体对反义关系起了某种保证的也是限制的作用。有的研究者已提出了这类限制条件，但是似乎提得过严、过重，认为互有反义关系的单位“要求风格上的一致”，像“迅速”与“迟缓”，“快”与“慢”，便符合这种要求。[①] 事实上，相互存在反义关系的单位，并不一定风格上一致。有一致风格色彩的情形，诚然比较多见，如“母——女”“父——子”“晨光——暮色”“崇高——卑鄙”“乐——愁”“长命——短命”“抽薪止沸——扬汤止沸”之类；但是风格色彩上不一致的情形也是不少的，如

欣喜（一般文艺风格色彩）——伤心（风格上通用）

污秽（兼政论的、新闻报道的、一般文艺的风格色彩）——干净（风格上通用）

迟缓（兼一般文艺的、新闻报道的、科学的风格色彩）——快（风格上通用）

父（文牍风格色彩）——母亲（通用于除俗谈风格外的各种风格）

兄（文牍风格色彩）——弟（兼文牍的、会话的风格色彩）

黄昏（一般文艺风格色彩）——清早（除文牍风格外，通用于其他风格）

这里，显然不存在风格上的一致。不过，可以看到，存在着风

① 石安石、詹人凤《反义词聚的共性、类别及不均衡性》，《语言学论丛》第十辑第79页，商务印书馆，1983年。

格上的谐和：两个作为关系项的词语正如风格色彩一致的、相互间有着反义关系的词语单位那样，可以共同出现在某种风格当中。词汇里有大量词语在风格上是通用的或中立的，即本身没有风格色彩，可以进入各种风格当中同某种风格要素谐调配合；另外，有的词语能兼入两三种风格，即带有混合的风格色彩（如“迟缓”“污秽”“弟”），可以同几种风格色彩不同的词语相调和。因此，反义关系在风格方面对于进入关系中来的词语的要求，不能是风格色彩的一致，而只是风格色彩上的调和，也就是应能共同出现在同样的风格中。风格色彩上调和的要求，意味着，不同的词语单位若各带不同的、彼此扞格的风格色彩，便不可能在使用中碰在一起，不可能在人们的语感中形成反义的对照关联。例如，“速”带文牍风格色彩，“迟缓”带一般文艺的、新闻报道的和科学的风格色彩，两词尽管理性意义相反而互为前提，并符合“一个意义方面相反而其他意义方面一致”的条件，相互间也并不存在反义关系。再如带文牍风格色彩的“母”与带会话风格色彩的“女儿”，带会话风格色彩的“老一套”与带政论、新闻报道风格色彩的“不落窠臼”，都是由于彼此风格色彩有别，互不谐调，而不能互为对方的反义单位。

由于同一种语体可以出现多种不同的风格，语体对于反义关系的限制就比风格的限制宽一些。A、B 两个词语单位，如果A 带书面语的语体色彩，B 带口语的语体色彩，较多的情形是不会用在一起的。不用在一起就很难指望人们有A 和B 互相比照、相关的语感，即A 与B 之间不能建立起反义关系。如带口语色彩的“闹”和带书面语色彩的“静谧”，带口语色彩的

"挨晚"和书面语色彩浓厚的"侵晨",尽管在理性意义方面符合反义关系的要求,也是彼此间不能存在反义关系的。反过来说,A和B若相互有反义关系而聚合,那么A和B在语体色彩上不能互相抵触。这互相抵触是因差异大而互不调和,并不等于语体色彩的不一致。反义关系并不要求作为其关系项的词语单位必须语体色彩相同。认为只有语体色彩相同,才有可能出现反义聚合的观点,是有欠妥善的。词汇中有大量词语单位通用于口语和书面语,本身并无任何语体的色彩,它们既可以同带口语色彩的词语用在一起,也可以同带书面语色彩的词语用在一起,彼此谐调配合。例如"愉快"(书)——"烦恼"(中),"衰微"(书)——"兴旺"(口),"褊狭"(书)——"广大"(中),"脏"(口)——"干净"(中),"闹"(口)——"安静"(中),"老婆"(口)——"丈夫"(中),"笑逐颜开"(书)——"烦闷"(中),"要而不繁"(书)——"繁琐"(中),等等。此外,口语色彩的词语和书面语色彩的词语之间,也并非界限森严,并非绝对互相排斥而不能相容。有的口语色彩不很浓厚的词语常可进入书面表述之中,而有的书面语色彩不重的词语有时也能被口头表达所采用。这意味着,带口语色彩和书面语色彩的词语,有的彼此可能协调配合,共用在同一个话语表达里。而这种不一般的情形,就有可能给反义关系的形成提供一种可能性。例如"大人"(口)与"儿童"(书),"毁"(口)与"维护"(书),"脏"(口)与"清洁"(书),"高兴"(口)与"忧烦"(书)或"愁眉锁眼"(书),是彼此互为对方的反义单位的。因此,实际上,只是浓重的口语色彩为书面语体所不容,浓厚的书面语色彩为口语体所排斥,带这种浓重语体色彩的单位不可能和色彩对立的单位共用在任何语体的话语中。反义关系的语体限制，自然并不表现在聚合的单位要有一致的语体色彩，而是表现在它们必须能用在同一种语体的话语中。

（四）词与词之间要确立反义关系，两词的词性必须相同；如果固定语进入反义组，其语法功能也必须同语义相反的单位（词或固定语）一致，如都相当于动词的作用或形容词的作用、名词的作用等。

由于词性或词语的语法功能，是词语的整个含义中起一定作用的因素，是人们语感上的一种含义特征，因此，同相互建立起同义关系的词语一样，不同的词语要彼此建立起反义关系，必须要求在词性或语法功能上一致。这个条件比之于“意义某个方面相反，其余方面一致”的条件还更重要些；尽管可以说前者是后者的补充，但是没有前者，就谈不上后者。不同的词语单位，如果彼此的词性或语法功能不一致，其某一主要理性意义成分的相反就不突出，不可能在人们的语感中形成对照，也就是彼此不可能互为反义词语。如“敬意”（名）和“鄙视”（动），“愁牢”（名）和“快乐”（形），“先进”（形）和“落伍”（动），“一帆风顺”（主谓短语）和“碰壁”（动），“半信半疑”（可作动词性谓语、状语和定语）和“毫无疑问”（可作插入语、形容词性谓语）彼此之间是不存在反义关系的，尽管它们在词汇意义方面可以符合意义相反及上面（一）（二）（三）诸条件的要求。只有像下面那样在词性或句法功能上一致的成对词语，才无可置疑地彼此间建立起反义关系：

崇敬（动）——鄙视（动）

愁闷（形）——快乐（形）

先进（形）——落后（形）

畅行无阻（动词性短语）——碰壁（动）

半信半疑（可作动词性谓语、状语、定语）——深信不疑（可作动词性谓语、状语、定语）

除了上面几个条件的制约，反义关系的形成还受更为一般的条件的限制：进入这种关系的聚合的单位必须同属于一个一定时期的语言系统。分属共同语和方言的词语，分属不同语言或不同方言的词语，分属古今不同时期的词语，分属语言和言语的单位或全属言语的单位，相互间都不可能有反义关系。这和同义关系也受这些成为一般前提的条件的限制，是一样的。确定和研究反义词语或反义关系，必须在遵从一般前提的规定下来进行，已成了众所周知的道理。因而，反映了反义关系的根本特性或特殊个性的意义相反（建立在一定概念关系基础上）以及上面（一）至（四）等条件，对于认识和确定反义关系来说，具有更大的实际意义。它们是起鉴别作用的区别性条件，是关键所在。

按照这些区别性条件，就可以比较准确和客观地把反义关系或反义词语确定下来。只有符合所有这些区别性条件的要求，反义关系才能确立，不同的词语单位才能互为反义词语。而只符合一部分条件的要求，或者仅仅不符合这些条件中的一个，都不可能形成反义关系，所面对的不同词语都不可能互为反义单位。例如：

红——绿

意义上并不彼此相反，即欠缺概念矛盾关系或反对关系的逻辑基础。彼此意义上也不互为存在的前提。

甜——咸

意义上既不彼此相反，也同样不互为存在的前提。

红——蓝

彼此意义上相反，而且在一个意义方面上相反而其他意义方面一致，出现于同样的风格和语体，词性也一样，惟独并不在意义上互为存在的前提。

水——火

情形与“红——蓝”一样，只是不符合“意义上须互为存在前提”这一条件。

母——子

不是仅仅一个而是两个主要理性意义相反：上一亲代——下一亲代；女性——男性。因此尽管在意义相反、第（一）（三）（四）诸条件上，都符合要求，却不符合上面提的第（二）条件。

马不停蹄——裹足不前

尽管意义相反并符合第（三）条件，但是在一个主要理性意义成分相反（前进——不前进）的同时，其他主要理性意义成分不一致（像马那样不住奔跑——像把自己的脚裹起来那样胆怯或守旧而自己给自己设下框框或带上枷锁），意义上并不互为前提。

欢忭——伤心

符合于基本条件及（一）（二）（四）诸条件，惟独不符合于（三）条件的要求：并不能出现于共同的风格和语体。

偏心——一视同仁

符合于基本条件及（一）（二）（三）诸条件，却不符合于（四）条件的要求：彼此的语法功能不一致（形容词——动词性短语）。

完全符合语义相反的基本条件和（一）至（四）的充足条件，才能建立起反义关系，这样的要求尽管看起来比较严格甚至似乎有点苛刻，却是客观实际的反映。在符合基本条件和全部充足条件的情形下，互相之间有反义关系的词语，数量不仅不少，而且还相当大。在编纂一部汉语反义词语辞典的过程中，正是根据这样的条件来确定条目，最后得知现代汉语的反义组几乎和同义组一样地丰富。把很常见的、较为常见的以及一些不很偏僻的计算在内，大约有 1500 组以上。

9.4　须要根据是否具备一系列条件来判定反义关系，这实际情况本身就充分表明了意义相反并不简单地等于反义关系，表明了反义关系是语言词汇性的组织关系，它并不就是概念间的逻辑关联。而在根据基本条件和充足条件来确定反义关系或反义词语时，还需要从另外一个方面来辨别和考察——把与反义现象很接近的一般对比现象和反义现象划分开。由于词语间的对比关系也要求有某些条件，其中一部分同反义关系所要求具有的一致，词汇内的这样两种组织关系就很容易被一些人有意无意地混为一谈。因此，只有把反义关系和对比关系区分清楚，才能很好地把真正的反义词语确定下来。这同确定同义词语须将同义词语和近义词语区别开来，有同样的道理。

不同词语相互间，若不完全具备反义关系的条件，但是意义上互为对立面而相互对比，在对立方面相互对照、映衬，就形成对比关系。相互存在对比关系的词语，是对比词语；由对比关系而聚合起来的词语结构组织，是对比组。[①] 如“红——绿”，“腰缠万贯——一文不名”，“红”是“绿”的对比词，“腰缠万贯”是“一文不名”的对比语，反过来也一样。“红”和“绿”，“腰缠万贯”和“一文不名”，都分别构成对比组。对比关系也必得具有反义关系后两个充足条件，即不同关系项的词语必须能出现于同样的风格和语体，须有一致的词性或语法功能。但是对比关系在反义关系的意义相反及第（一）（二）充足条件上，总是有某部分的欠缺或完全欠缺。比如意义上虽然互为对立面而彼此对比，却或者未构成意义相反，或者构成相反关系而并不互为前提，或者不止一个主要理性意义成分相反，或者虽只有一个主要理性意义成分相反而其余主要理性意义成分却不一致。例如：

卵——石

人们有习惯的说法“以卵击石”，“卵”和“石”能出现于同样的风格、语体，词性一致而总是联系在一起，形成强弱对立的鲜明对比。但是两词意义上并不相反，也不互为前提。

甜——咸

---

① 《韦伯斯特同义词新词典》（Webster's New Dictionary of Synonyms, 1978年，美国新版）在附收的词中有一种“对比的词”（Contrasted words）。对比组、对比词语、对比关系的称法，都受它的启发而定。

意义上"甜"和"咸"常联系在一起，互相对立地出现在人们的观念和话语中。但只是互为对立面，既不彼此相反，也不互为前提。

红——蓝

意义上彼此间有相反关系，而且也在一个意义方面上相反，其他意义方面一致，又能出现于同样的风格、语体，词性完全相同，但是并不在意义上互为存在前提。

水——火

可以认为彼此意义相反，也符合于反义关系第（三）（四）条的充足条件；但是相反的主要理性意义成分不止一个（"其中不容有气体"——"本身是一种高温形态的气体"；"有灭火的功能"——"会被水熄灭"），而且意义上也并不互为前提。

胆小如鼠——胆大包天

只符合反义关系的基本条件及第（三）（四）条的充足条件。一个意义方面相反，其他意义方面却不一致（像老鼠一样（胆怯）——极其（大胆），肆无忌惮）；意义上也不互为存在前提。

腰缠万贯——一文不名

也只符合意义相反和第（三）（四）项的充足条件。意义除相反的一个方面（"有很多钱，富有"——"没有分文，贫穷"），其余方面不很一致（"拥有"——"占有"，"〔穷的程度〕极甚"）。

这些成对的词语单位，就只是互为对比词语，不能认为相互间有反义关系。

面对相互都在对立方面上对照、映衬的不同词语，根据反义关系的基本条件和第（一）（二）条充足条件是完全具备还是不全具备或都不具备，即可将这些词语间的关系鉴别清楚，确定它是反义关系还是对比关系，也就是可以鉴别出真正的反义词语。下面不妨引出这种鉴别的一小部分成果，以作为这种鉴别行之有效的例证：

互为反义词语		互为对比词语
高贵	卑贱	显贵
高尚，崇高	卑鄙	高洁
劳苦	安逸	劳碌
精良	粗劣	精美
刚愎自用	从善如流	自以为是
了如指掌	不甚了了	了然，清楚，明白
坚持到底	半途而废	坚持不懈
危，险，危险	安，安全	危急，危殆，危如累卵
悲观	乐观	达观，豁达
不足	充足，充分	贫乏，匮乏
笨重	轻巧	轻便，灵巧，灵便
停战	开战	停火
得逞	不逞	得志
暴露	藏匿	显露，显现
正门	侧门	大门
长篇小说	短篇小说	中篇小说
大高个儿	矮子	巨人
成品	材料	半成品，毛坯
现代	古代	近代
天堂	地狱	净界

10. 反义组内的结构关系的特点

10.1　由反义关系所维系的关系项，总是处于相反的两头，而每头的关系项又以一个为常见，因而人们对于互相存在反义关系的词语单位容易有成对的感觉，即以为每个反义组总是包含两个对立的单位。

诚然，比较多的反义组只包含两个相反对立的词语单位，表现出的结构关系是反义组简单的也是基本的类型。不过远不是所有反义组都这样成对地聚合。反义组内部的结构关系，往往并非只简单地A和B彼此相反、排斥，而要牵连到C、D等项。就是只有A和B两个对立的关系项时，A同B的结构关系，也不仅仅彼此意义上相反、排斥，而是同时各以相反的对方来比照和映衬自身，并且意义上又互为存在的前提，从而彼此积极作用于对方，互相依存着，又互相制约着。如果说，一般同义关系是以意义的基本相同为基础而形成细微差异的对照和对立，那么，反义关系则以反然对立、互不相容为基础而形成在同一范畴内相反对照、相互依存的对立统一关系。

当反义关系的这一头或那一头的结构项不限于一个时，反义组的结构关系就明显地表现出其复杂性和其他重要特点。若A不但和B有反义关系，而且在同一意义的同一维度上和C、D等也有反义关系，那么这若干个反义关系就共有着关系所维系的对立一方；而且由于另一方的不同词语项必然相互存在着同义关系，各反义关系的内涵又还会相互基本一致。这时，反义组内部的结构关系，自然算得上是复杂的。例如：

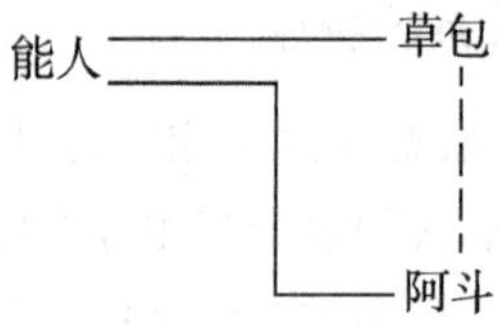

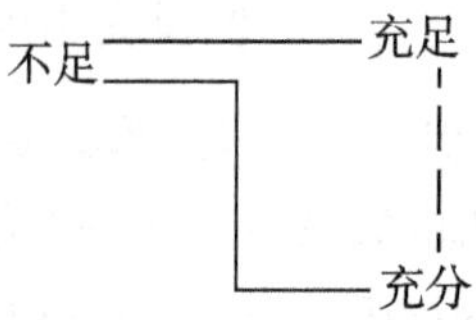

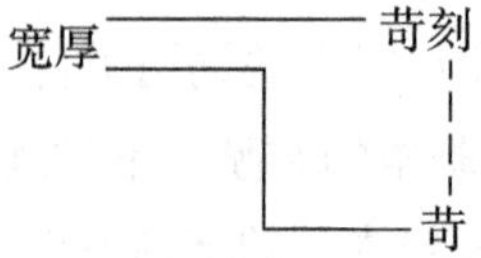

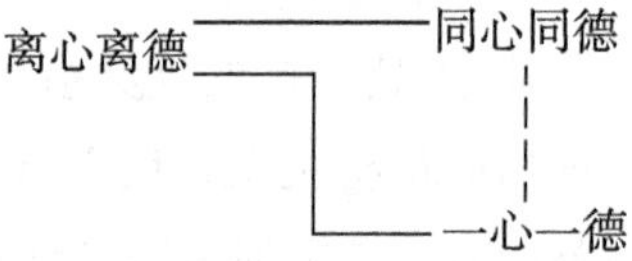

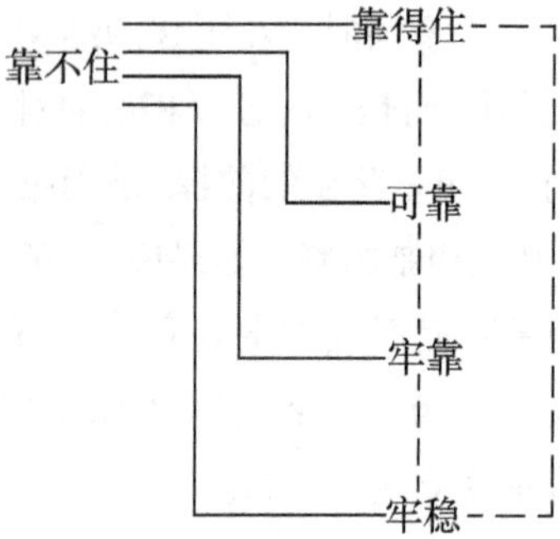

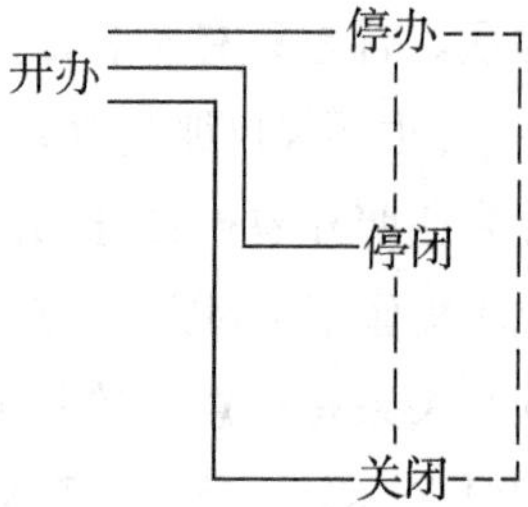

如若B 又同时与C 及其他词语项有同义关系，C、D 等的对立关系项也不止A 一个，反义组的结构关系就更明显地复杂化。如下面的图例所示：

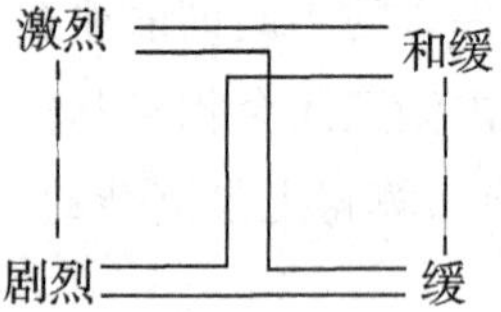

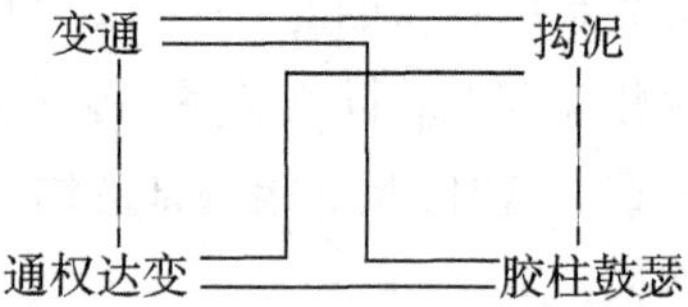

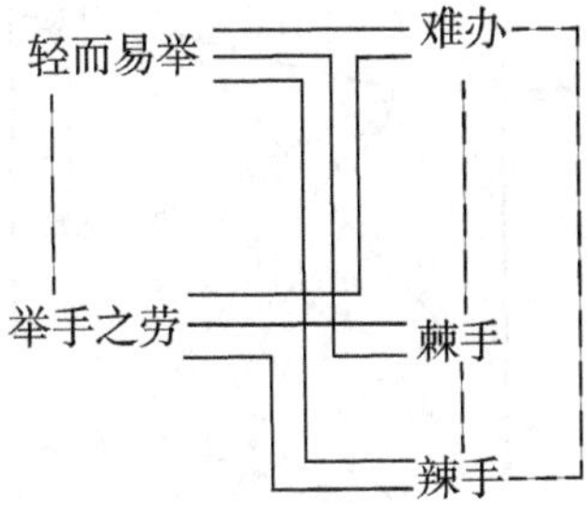

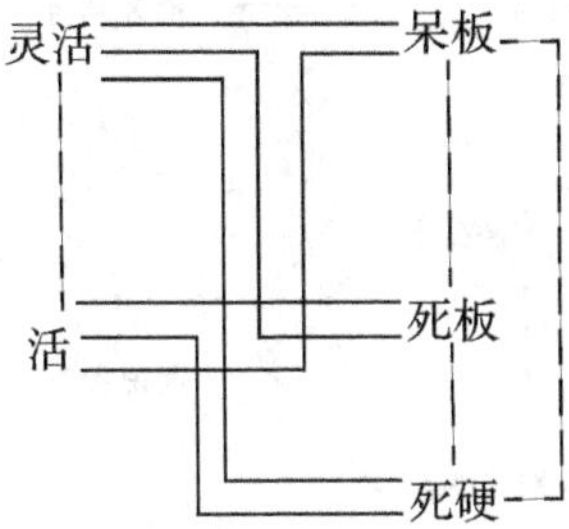

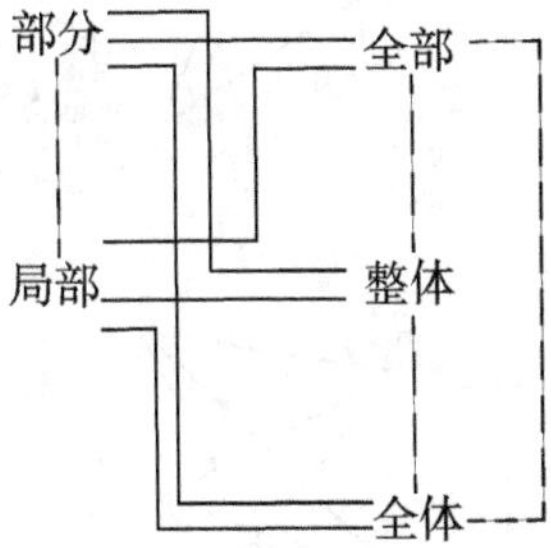

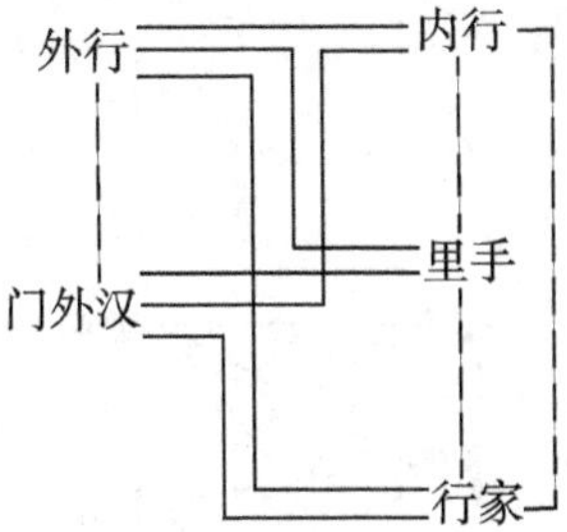

可以看出，复杂的反义组和简单的反义组一样，仍然分出相反对立的两个方面；只不过这里相反对立的方面不是仅由一个词语单位所构成。在上面列举的实例里，每个方面中的词语单位还同对立方面的所有词语单位有着反义关系。这是整齐的复杂结构形式。

若某一方面的一个关系项同另一方面的某个关系项虽然也在同一维度上相反对照，却由于不共同出现于一定的言语片段（即实际上没有也不可能在人们的意识中建立相互的联想和对照）而并不相互存在反义关系，那么，这时所形成的复杂反义组就具有不整齐的复杂结构形式。例如：

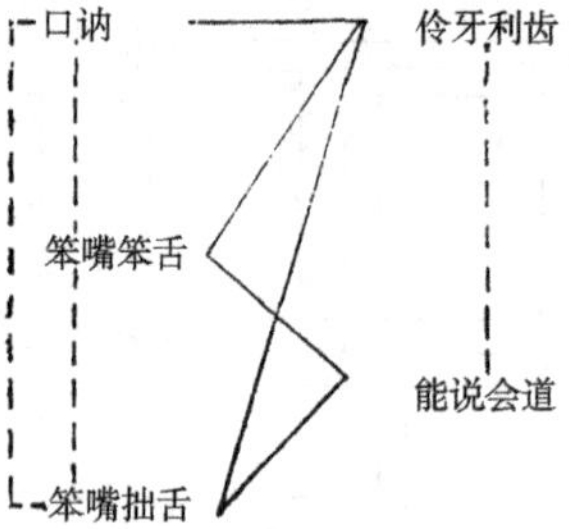

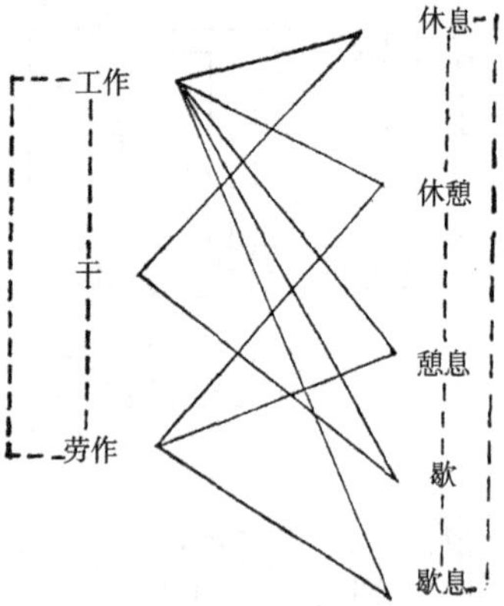

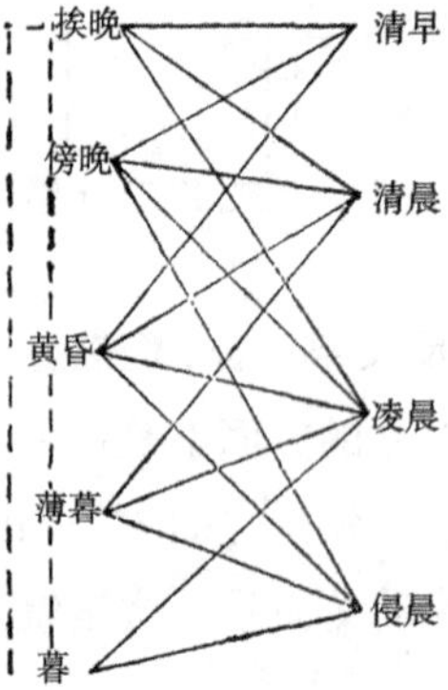

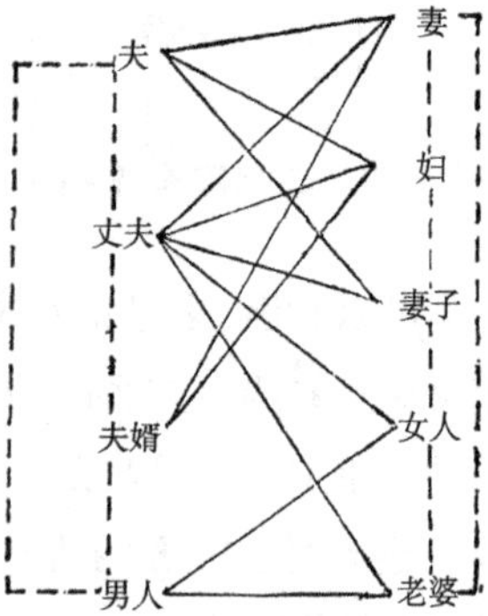

若A在某个意义的某一维度上与B或B、C等有反义关系，同时又在同一意义的另一维度上与D或D、E等有反义关系，这样形成的反义组是两个不同维度的反义组的密切联结，具有复合的结构形式。如：

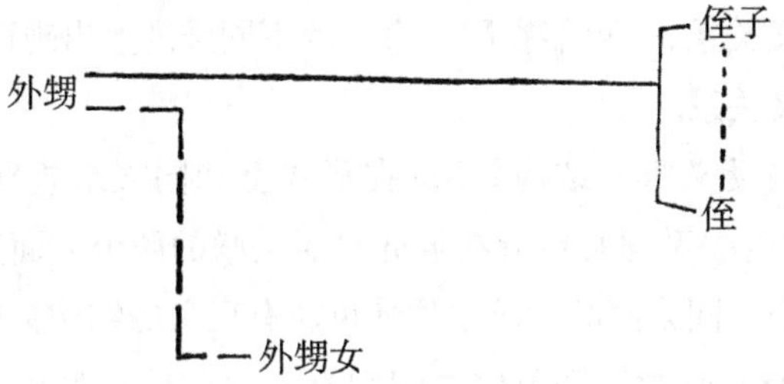

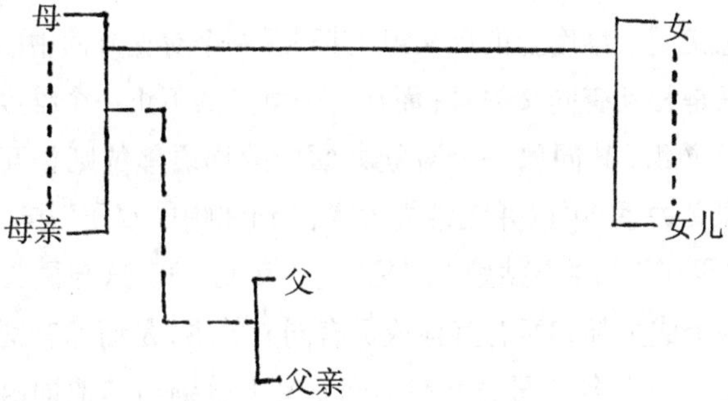

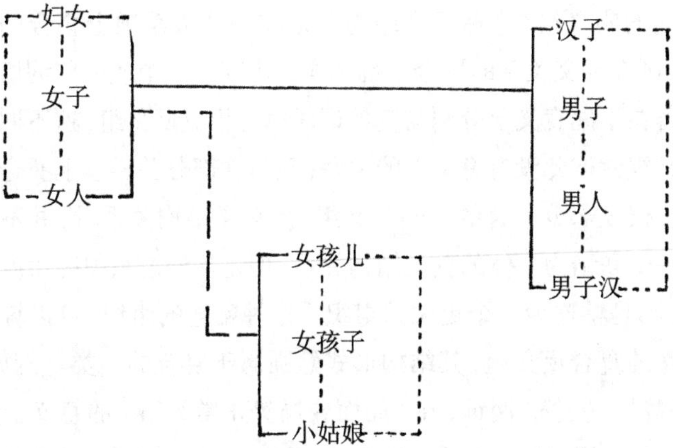

反义组这种复合的结构形式，是同义组所没有的。因为一个词语单位只能在某个意义上与其他一定的词语单位建立起

一个同义关系，不可能在同一意义的不同维度上出现两个不一样的同义关系。

但是反义组的结构关系，在形式上和同义组差别最大之处，是它的关系项必然分在彼此对照关联的两个方面里，分属于这两个不同方面的词语单位才可能有反义的结构关联，而同属于一个方面的词语单位之间则不会存在反义关系（建立在一个意义同一维度上的反义组，其同属一个对立方面中的词语单位只是相互有同义关系；而在一个意义的不止一个维度上构成的反义组，其同属一个对立方面中的词语单位则相互不一定有同义关系，可以并无结构关联，如上例中“汉子”与“女孩儿”，“男子”与“小姑娘”，“父”与“女儿”）。这与同义组中任何一个成员都和所有其他成员有同义关系，是迥然有别的。

至于一个多义词语可在不同意义上分别与其他词语构成不同的同义组，这种两个结构关系在一个关系项上叠合的情形，则在反义关系的聚合中也同样会出现。一个或一些词语单位若在不同意义上分别与其他词语单位构成反义组，这不同的反义组就彼此没有意义上的关联，只是在部分关系项上叠合起来。仅仅部分叠合的不同反义组，从意义结构关系看，并不形成一个联结为一体的反义结构关系；但是从词汇组织的角度来看，则是粘连为一个更大的组织。这种粘连的组织，可以算作特殊的复合反义组，其结构形式勉强属于复合的一类。例如，“平静”“安静”两词，在“局面或局势正常无事”的意义上和“动荡”“骚乱”有着反义关系，而在“内心没有急激、波动的感情或思绪”的意义上又是“激荡”“激动”的反义词。于是两个反义组在“平静”“安静”两词上粘连起来。“肮脏”在“存有或带上尘土、污垢、油渍等，被污染而不洁净”的意义上是“干净”“清洁”“净”“一尘不染”等词语的反义词，而在“言行卑劣、不道德”的比喻意义上则和“高尚”“崇高”有反义关系。这里也由于粘连而形成一个特殊的复合反义组。

10.2 既然反义组中某个关系项可能在同一意义的另一维度上或另一意义上与别的词语单位存在反义关系，那么就完全有可能出现反义关系不断粘连孳生的情形。比方，A与B互有反义关系；B在其同一意义的另一维度上与C有反义关系，或在另一意义上与C′有反义关系；而C又在其同一意义的另一维度上或其另一意义上分别与D、D′互为反义单位；D或D′又……等等。如“男子”与“妇女”有反义关系，“妇女”在同一意义的另一维度（成年与否）上与“小姑娘”有反义关系，而“小姑娘”又在其同一意义的另一维度（年龄大小）上与“大姑娘”互为反义单位，“大姑娘”复在同样的意义维度（年龄大小）上与“老处女”互为反义单位；“男”与“女”有反义关系，“女”在另一意义（女儿）上和“母”“母亲”有反义关系，“母”“母亲”又在其同一意义的另一维度（性别）上与“父”“父亲”互为反义单位，“母”还在另一意义（雌性）上与“公”互为反义单位。类似这样的情形，反义组如若容许在其自身范围内不同的反义关系一个一个地叠连起来，延绵下去，那么反义组的范围会伸展开去而可以十分庞大，所包含的反义结构关系会很繁杂，数量上会很多乃至于难于限止。当然，反义组作为一种确定的、容易了解掌握的词语组织，其范围不应如此庞大，所包含的结构关系不应如此繁杂而漫无止境。因此，实际上，结构关系复合的反义组，其范围应该是有定的、不庞大的，只以同一个词语或同一个相反对立的方面为组织的轴，只把同这个轴有反义关系的所有单位包括进来而形成自身的确定的范围；凡非此轴上的反义单位都不入此范围而只属于另一个反义组。这就是说，复合的反义组，以不同的反义结构关系须共有同一个关系项或对立方面为范围的限度，确定这些反义组的范围应以这共同的一个轴为根据和尺度。据此，由连续粘连的反义关系所聚集起来的一系列词语，可以明确地划分为若干个复合（包括特殊地复合的）反义组。例如：

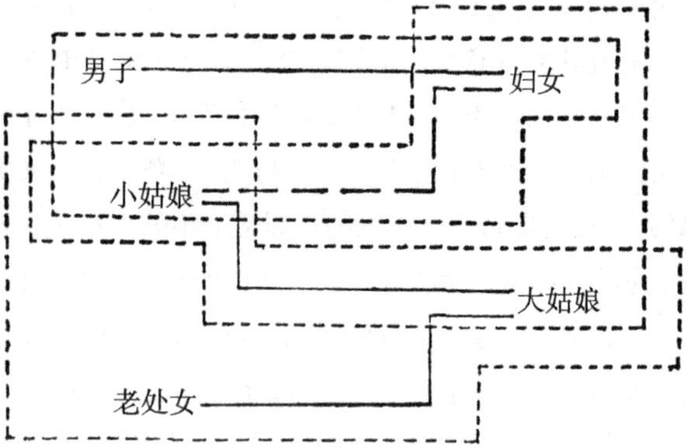

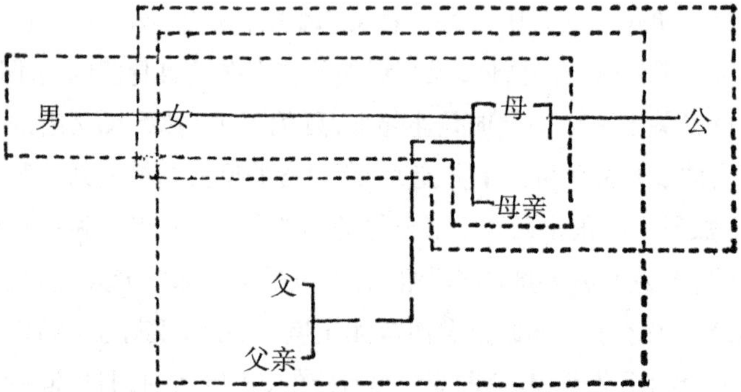

可知，建立在不止一个维度上的或不止一个意义上的复合反义组，其结构形式的基本特征是具有一个不同反义对立方面所围绕的轴。

11. 反义词语的类别

11.1 按照不同的准则，反义词语可以作不同类别的划分。

一般谈到的，也是最重要的一种类别划分，是按照意义相反在特征上的差异而确定的。这样划分的类别在各种语言里都很常见，对它们的研究和论述已经不少。虽然如此，划分的层次还有一点模糊朦胧的地方，需要进一步澄清。而不同类别相应的意义相反关系，其各自不同特性的公式表述，还可以提出来加以讨论，作必要的改进。

从一个方面来说，互有反义关系的词语，如若彼此语义上绝对地相反，是一种类型，彼此语义上相对地相反则是另一类型。前者是所谓绝对的，后者被称为相对的。绝对地相反，是两个对立的关系项无条件地互相否定和互相排斥，彼此在任何情况下都互不相容。如“死”与“活”，“去”与“留”，“男性”与“女性”，“是”与“非”，“打折扣”与“不折不扣”，前后两项之间的相反就是绝对的。死不能是活，活就不能是死，不仅如此，不死必然就活，不活必然是死。去，当然不能留，留也不能容许去；不去就是留，不留必然意味着去。“男性”与“女性”等其他几对例子，情形同这一样，互相否定、排斥是无条件的，否定某一方面的存在等于肯定另一方。有些研究者把这种绝对相反的关系，用四个公式加以表述，以简洁地、集中地揭示出关系中如何绝对相反的特性。有两种不同的方式：

1.

$A \rightarrow \bar{B}$　　$B \rightarrow \bar{A}$

$\bar{A} \rightarrow B$　　$\bar{B} \rightarrow A$[①]

2.

A＝非B　　B＝非A

非A＝B　　非B＝A[②]

两种表达方式都各有一些不足之处。前一种所使用的符号“→”表意不十分明晰和贴切。→应表示所联系的前后两项之间的关系是“即为”或“就是”，即“等于”，而这里出现的→却不大像表现出这种意思。后一种表示方式，虽然符号“＝”能较准确地表现前后项相等同的关系，却有赘余之感：既然A＝非B；那么非B＝A似无必要列出，有了B＝非A，再列出非A＝B也似乎多此一举。另外，从这个等式，也难以找到任何同相对地相反的反义关系相一致的表示方式，因为相对地相反不会有前后项相等的情形。

若保留后两式“非A＝B”“非B＝A”，而把前两式“A＝非B”“B＝非A”分别改为

A（非B）——B　　B（非A）——A

可以比较全面和确切地显示绝对相反的特性，避免上述一些

① 石安石、詹人凤《反义词聚的共性、类别及不均衡性》，见《语言学论丛》第10辑第83页，商务印书馆，1983年。

② 刘叔新《汉语反义词语的类别和特点》，见《世界汉语教学》1988年第3期第137页。

缺点。[①]

相对地相反，是两个对立的关系项在一定的条件下互相否定和互相排斥，在某种情况下互不相容。如“强”和“弱”，只是在肯定一方时，才必然排斥另一方。换个条件，在否定一方时，却并不意味着是对另一方的必然肯定。这也就是说，肯定强为事实（是强），必排斥弱的任何可能（不能是弱）；否定强为事实（不强），却不见得必然是弱，即弱并不必然会是事实而致使强被否定，因为不强，可能是介于强弱之间的状态，未必就弱。再如“教师”和“学生”，在肯定这一方是（对方的）教师的情况下，这一方就意味着处于同学生相反的地位，不容许又是（对方的）学生。当否定这一方是（对方的）教师时，却不见得这一方必是学生，故而排斥教师的可能；因为不是教师，可以是管理员、辅导员等等，未必是学生。另外，这里相对地相反的两项当中的任何一项，又可在其他某种不同的条件下，转变为非相反对立的方面，甚至在地位上转变为本来与之对立的方面。如猫的力量的强，确实和鼠的力量的弱相反地对照，但是同羊的力量的弱相比就不成相反的方面，若同小象的力量的弱相比则自身更成了弱的方面。教师甲给学生乙上课，甲对于乙来说当然是教师；但是若甲接受专家丙的指导或听习丙的课，那么甲对于丙来说则成了学生；若乙在课余给儿童丁教课，乙对于丁来说也成了教师。可见“强”和“弱”的相反，“教师”和“学生”的相反，都是有条

① 在刘叔新《论反义聚合的条件和范围》一文（刊于《语言研究论丛》第5辑，南开大学出版社，1988年）里，“A＝非B”“B＝非A”分别换为“A ⇀ ×B，非B”“B ⇀ ×A，非A”。但是后两式的“⇀”不仅示意不够明晰，而且对于存在或不存在过渡项来说，也缺乏表现力。

件的、相对的，彼此间不是绝对地互相排斥和否定。

意义相对地相反的关系，可分为两种类型。一种是相反对立的A、B两项之间存在着过渡的项，A和B的相对相反是程度上的，因而其间能出现既不如A又超过B或超过A而不如B的中间程度状态。如“热”和“冷”之间存在着“温”“暖”“凉”，“强”和“弱”之间存在着“一般”，“高等”和“低等”之间存在着“中等”，“挨近”和“远离”之间存在“不即不离”，“高个儿”与“矮子”之间存在“中等身材”。这种有过渡项的程度上的相对相反，可以表现为下面的四个公式：

A（非B）——（G）——B　B（非A）——（G）——A

非A ≠ B　非B ≠ A

另一种意义相对相反的关系，其对立的两个关系项A、B之间和绝对相反的反义关系一样，不存在过渡项；A和B的相对相反，是A、B分别所指的对象的性质所决定的，因而不可能有介于其中的过渡状态。如“父”与“子”，“丈夫”与“妻子”，“教师”与“学生”，“买”与“卖”，“科班出身”与“半路出家”，前后项之间由于性质上相反，尽管这相反不是绝对的，会同绝对相反的两项之间一样地不存在过渡项。无过渡项的性质上的相对相反，表现为如下四个公式：

A（非B）——B　　B（非A）——A

非A ≠ B　　非B ≠ A

前两式和绝对相反的前两式完全一致，后两式则与程度上相对相反的后两式无异。

显然，全部反义词语既可以依反义关系有何种性质的意义相反，而划分为绝对反义词语和相对反义词语，又能依据意义相反之中是否存有过渡项，同样划分为两大类：一类是过渡的反义词语，表现为A·+G·B式；一类是非过渡的反义词语，表现为A·－G·B式。A·－G·B一类包括全部绝对反义词语和一部分相对反义词语，而A·+G·B一类则只是相对反义词语余下的那部分。也可以反过来说，相对反义词语区别为A·－G·B类和A·+G·B类，而绝对反义词语则清一色地全属A·－G·B类。

无疑，依据反义关系的意义相反具有绝对性还是相对性和是否存在过渡项而作的两种划分，是各处于不同层面的，而且都进一步各有不同的次类。但是彼此密切相关地交错着。从应用的角度看，反义词语按关系特性的准则并存两种互相纠缠的类别划分，未免繁复而不实际。对此若加以改善，可有两种方式。其一是综合关系特性两个不同方面的准则，把反义词语划分为平行的三类：(1)绝对相反而无过渡项的，(2)相对相反而有过渡项的，(3)相对相反而无过渡项的。另一方式是只按"绝对——相对"的准则划分为两类，然后在相对反义词语一类中再划分为过渡的和非过渡的两个次类。

可以说，后一种处理方式更为可取。因为这样可以清楚地显示类别划分的层次，并且能突出比较重要的绝对性和相对性的区分。

在绝对反义词语内，可以按照是否会有否定成分而划分出两个次类。关于带上否定成分能否算反义的关系项，曾有过争议。其实，如果都承认，概念的矛盾关系是绝对反义关系的逻辑基础，而作为反义关系一个关系项的单位又须是词或固定语而不能是言语单位的自由词组，那么这种关系项单位含有结构上固定的否定成分，整个否定式的固定单位成为绝对相反的一个方面，应该能取得无可置疑的一致的认识。既然某种事物的肯定或存在与这事物的否定之间，有着矛盾关系的明显表现，体现矛盾关系的绝对反义关系便自然可以在一端的关系项内出现否定成分，只要这关系项确实是语言中的词或固定语就行。因此带否定成分的绝对反义词语是存在的。现代汉语中，这类反义词语并不少见，例如：

方便／便——不便　　得当／适当——不当

幸运——不幸／不走运　　端正／正派——不端

平凡——不凡／不同凡响　　规则——不规则

道德——不道德　　像话——不像话

合情合理——不近情理

有益——无益　　有余——无余

有为——无为　　有利／利——不利

有望——无望　　有——没有／无

缺乏——不乏　　满意——不满

落套——不落俗套／不落窠臼

必须——不必　　能——无能

对抗性——非对抗性　　党员——非党员

不含否定成分的绝对反义词语，同对立方面之间的矛盾关系不以否定式直接表现出来，而是含蓄的。对于这种绝对相反不显豁的反义词语，须从反义关系中任何对立的一端等于另一端的否定（即加上否定词）来认识。例如：

死——活／生　　死亡——生存

开——闭／并／合　　静止——运动

男性——女性　　　　正面——反面/背面
热色/暖色——冷色　　内——外
公——母　　　　　　雌——雄
正常——反常　　　　真——假/伪
直——曲/弯/弯曲　　正——歪/斜

11.2　按照反义关系某些特殊表现的情况，可以从反义词语中划分出四个各在关系上有不同特殊表现的类别：

（一）互补的。“互补”指对立的词语单位互为对方的否定方面，互相从这否定方面使对方的意义能够成立或完满起来。这实际上就是11.1节里提到的不带否定成分的一类绝对反义词语。如“男性”和“女性”，前者一定性别特点的意义和后者相反性别特点的意义互使对方得以成立，也互相充实了对方。“内”和“外”，也同样是意义上互相支持、互为依据地补充了对方。这种互补的反义词语彼此在相反对立中又互相补充、支持的聚合，被称作“互补现象（complementarity）”[①]。

（二）逆反的。如果A关系项指甲方施向乙方的行为，而这行为站在乙的方面来说，实际上也正是乙方同时施于甲方的，而且另由B关系项来指称，那么A和B就都成为逆反的反义词语。如“进口——出口”“输出——输入”“买——卖”“娶——嫁”“借——贷”“付款——收款”“讲课——听课”之类。这种逆向反义的聚合关联，被称为“逆反现象（converseness）”[②]。逆反的反义词语，仅是少量在意义内容上有行动性的动词和固定语。

① John Lyons: Semantics，第一卷，第279页，剑桥大学出版，1977年。
② 同上书，第281页。

（三）方向相反的。如果A关系项表明的方向刚好同B关系项所表明的相反，A和B就都是方向相反的反义词语。例如“登／上——下”“上楼——下楼”“上山——下山”“上去——下来”“推开——拢来”“到来——离去”“北——南”“东方——西方”“上面——下面”“昨天——明天”。方向相反的反义聚合关联，被称为“方向的对立（dirrectioned opposition）”[①]。方向相反的反义词语也较少，仅限于某些在意义内容上有行动方向性的动词和固定语及一些指明一定方位或时间的方位词、时间词。

（四）极性的。反义关系两端对立的词语单位如若处于差别很大的两点上，仿佛相反的两个极点，就是极性反义词语。这实际上和11.1节里提到的“过渡的相对反义词语”是一致的类别。如“热”和“冷”，“挨近”和“远离”，“高个儿”和“矮子”，前后对立的两项都处于同一现象范畴的两个相反的极端上，其间会有过渡的状态。这样两项单位的聚合关联，被称为“极性对立（polar opposition）”[②]。

在英国语言学家莱昂斯（John Lyons）看来，只有极性对立也就是他所说的“分等级的对立（gradable opposition）”才形成反义的聚合，至于互补现象、逆反现象和方向的对立则都不是反义现象。[③]这等于说，反义词语只有极性的一类，互补的、逆反的、方向对立的都不算反义词语。这种见解把反义现象和反义词语都规定在相当狭小的范围内，是没有充足理由的。互补

① 同129页注①。

② G. Leech: Semantics，第108—110页，企鹅书社，1977年。

③ John Lyons: Senantics，第一卷，第272页、第279—281页，1977年。

的、逆反的、方向对立的词语，只要确实符合于反义词语的全部条件，就应当认为属于反义词语。事实上，它们当中的大部分都是相当典型的、早已牢牢在人们语感中生根的反义词语。因此并非偶然，连喜欢采用和介绍莱昂斯基本观点的帕默（F. R. Palmer），也对于把互补、逆反和方向对立的现象排除于反义聚合之外的主张，表示怀疑和否定。[①] 国内有的学者明确地把互补现象、逆反现象和方向的相反对立都列入反义聚合的范围之内，[②] 是很正确的。

不过，也应该指出，按反义关系特殊表现情况的分类，并不能在一个层次上把一种语言的全部反义词语都加以划分，因为有不少反义词语（如带否定成分而绝对相反的，在性质上相对相反而无行动性、方向性的）不属于互补的、逆反的、方向对立的和极性的类别。另外，互补的、逆反的和方向对立的三类，各自的特点一般也较难掌握，彼此的区分界线较难划定，而后两类能够包含的成员又很有限。因此，在关系特殊表现情况的准则上所作出的类别划分，实际意义较小。

11.3 依反义关系所维系的关系项的单位性质如何，可以把反义词语简单地划分为反义词和反义语两大类（参见 8.2 节）。前一大类在数量上远比后一大类多，能够分出各种实词词性的及各种词汇意义范畴的次类来。后一大类若从语法的角度再加以分类，只能分出句法功能上互有一些差异的次类；而从词汇意义范畴的角度来划分，则较繁复而难以准确地概括和归类。

---

① F. R. Palmer: Sematics，第 80—81 页、第 84 页，剑桥大学出版，1976 年。

② 石安石、詹人凤《反义词聚的共性、类别及不均衡性》。

如果“反义词语”是就反义对立的两方单位一并加以指说，那么它就可以分为三种类型：(a)反义词，(b)反义语，(c)反义词+反义语。

(a)型是最常遇到的，也是习常提出和应用的种类。实际指的不是单个关系项，而是统指在同一反义关系维系下的所有词的关系项，如统指“死”——“活”，“强大”——“弱小”，“曲”“弯”“弯曲”——“直”，“男人”“男子”“汉子”“男子汉”——“女人”“女子”“妇女”。

(b)型统指对立双方都只是固定语的情形下的所有关系项。它们大多数是惯用语和成语。其中，惯用语总是将其复杂意义的构造成分及它们之间的组合关系很清楚地显示出来（如“全心全意”与“半心半意”，“失道寡助”与“得道多助”，“出乎意料”与“不出所料”），同词的内部不同意义方面、义素或词素义及其相互关系的暗昧不显大不一样。而成语，其真实意义总是处于深层而为表层的复杂意义所暗示和比喻（如“百花齐放”与“一花独放”，“不露圭角”与“锋芒毕露”，“抛头露面”与“藏头埋面”），整个意义内涵不仅比词的丰厚，而且也比惯用语更丰富些——具有双层的意思，具有较多的意味、色彩。因此，在反义语这个类型中，当惯用语同惯用语在意义上相反对立时，其对立要比反义词的类型中词义之间的对立明晰得多；而成语与成语的反义对立，成语同惯用语的反义对立（如“半路出家——科班出身”，“精雕细刻——粗制滥造”），更是在对立上有较多差别的比照而与“词——词”的反义对立不一样。

（c）型统指在出现词和固定语反义对立的情形下的所有关系项。这其中，惯用语同词的反义对立（如“假言假语——实话”，“明辨是非——昏聩”）也好，成语同词的反义对立（如“闭关锁国——开放”，“粗枝大叶——细致”）也好，意义上的差别对照也和“词——词”的反义对立不同，而且和“固定语——固定语”的反义对立也有不小差异。

11.4　反义词语还可以有另一种分类。依据对立地出现在言辞话语中的频率大小，全部反义词语可以划分为最常用的、次常用的和不常用的三类。最常用的就是一般所谓典型的反义词语。在一个反义组里，往往不全具备使用频率不同的三类，也不一定必然出现最常用的一类。例如：

长（a）——短（a）　高（a）——矮（a）

巨人（a）——侏儒（b）　手（a）——脚（a）/足（b）

置身事外（b）——厕身其间（c）

见得（c）——不见得（b）

伶牙俐齿（b）——木讷（c）

开放（a）——闭关锁国（b）

闹（a）——静（a）/安静（a）/静谧（c）/谧静（c）

安定（a）/安宁（a）/安谧（c）——骚乱（a）/不安（b）

不出所料（a）——意外（a）/出人意料（a）/出乎意料（a）/出人意表（b）/始料不及（b）

（a）（b）（c）各表示最常用的、次常用的和不常用的三类。频率大的反义词语，其相反的对照会较为鲜明和自然。因而，善于选择最常用和次常用的反义词语，在修辞上是不应忽视的。

12. 现代汉语反义词语的特点

12.1　正如同义词语会有民族特点那样，不同语言的反义词语也会各有其不同的民族特点。以现代汉语来说，其反义词语的特点是同样比较鲜明的。

当然，凡属反义词语本质方面的表现，如意义相反的逻辑基础、相互间的反义关系的条件、结构关系多维度的存在和围绕一个中心轴的范围等，在各种语言里都一样，是不能看作民族特点的。现代汉语反义词语的特点，主要表现在其成员组成上和单位的形式上。

12.2　成员组成上的特点与按成员单位性质的类别划分密切相关。现代汉语中，反义语的成员非常之多，显得这种类别与反义词卓然并立着。划分开反义语和反义词，对于现代汉语来说，是两者地位上和重要性上不分轩轾的反映，是十分适切和必要的。

现代汉语拥有的成语、惯用语极其丰富，其数量之大在世界各种语言中相当突出。这其中，颇大一部分进入了反义关系，成为反义语。反义语的众多，意味着固定语同固定语的反义对照以及固定语同词的反义对照是词语反义聚合的一个重大方面和重要方式。从而也导致现代汉语中词语的反义对照关联具有丰厚的内涵，而且显得多姿多彩。

12.3　在构造形式上，现代汉语某些种类的反义词语有着明显的特殊之处。彼此相反对照的反义语，绝大多数在音节数目上是相同的——以同是四字格为多，形式整齐对称。其中相当一部分在语法结构上也一致，有的连相应结构位置上的词也大多相同。如：

朝气蓬勃——暮气沉沉　流芳百世——遗臭万年

伶牙俐齿——笨嘴拙舌　近在眼前——远在天边

诚心诚意——虚情假意　大恩大德——小恩小惠

多口相声——单口相声　宏观世界——微观世界

绝对真理——相对真理　直接选举——间接选举

半信半疑——深信不疑　两厢情愿——一厢情愿

无的放矢——有的放矢　先发制人——后发制人

后继无人——后继有人　先下手为强——后下手遭殃

彼此相反对照的反义词，大多数也是音节数相等的，尤其同是双音节的情形最为多见。如：

顺眼——碍眼　正常——反常／失常

强大——弱小　失当／不当——得当／恰当／适当

高大——矮小　枯瘦——丰润

开幕——闭幕　崇敬——鄙夷／鄙薄／鄙视

挨近——远离　分工／单干——合作

报喜——报忧　笔译——口译

前方——后方　春播——秋播／／春耕

巨人——侏儒　能人——草包／阿斗

男性——女性　客运——货运

手——脚／足　横坐标——纵坐标

互有反义关系的单位在构造形式上整齐对称，不但能加强相反对照的效果，而且还有助于造成语句的鲜明节奏。这是汉语反义词语往往容易起较强修辞作用的一个重要因素。

13. 反义词语的修辞作用

13.1 在言辞话语中，反义词语运用得好，会产生特殊的表达效果。反义词语的修辞作用，主要表现在如下四方面。

（一）把彼此相反对立的词语对比来用，能造成意思的鲜明对照和映衬，从而把不同的事物特点有力地显示出来，或者有助于深入地揭示矛盾和分析问题。例如：

浪涌来，木屑沉下去，浪退走，木屑飘上来；……

（《小说月报》，1987，8，第 22 页）

男宿舍女宿舍也分开来，一个在东，一个在西。

（《人民文学》1987，7，第 65 页）

这时法庭上出现了一种意想不到的逆转倾向：原告变成了被告，而被告倒变成了原告。

（柳溪《生死之间》）

地方越小，方言越纯；地方越大，方言越杂。

（丁声树《官话方言的分区》）

解决群众中的思想问题，只能用说服的方法，决不能用压服的方法，解决人民内部的一切问题，只能用民主的方法，决不能用专政的方法。

（《人民日报》1978 年 12 月 21 日）

（二）把成双相对反义词语（尤其是过渡的或极性的）或某些绝对反义词语用在一起，能把不易具体说出的事物全体完整地概括下来并表现出来，或者很好地显示一种性质上中介的、糅合的情状。例如：

我曾把段玉裁的《说文解字注》从头到尾、认认真真地读过几遍，……

（《语文导报》，1987，7，第57页）

她留在变得清冷的站台上，想起他的来和往，……

（《人民文学》，1987，7，第77页）

这年把的时间，二先生重活做不起，轻活不会做，吃的喝的还不能马虎。

（《新华文摘》，1987，6，第90页）

山里山外，如今是两重天。

（《人民文学》，1987，7，第19页）

他不想再听到任何一声严厉的、温和的、软中带硬的、不软不硬的催促。

（《小说月报》，1987，7，第15页）

（三）两个长短一致的反义词，一起用在对称的格式里，可以表示意思的继续不断，从而加重语气，使意思有所强调而变得深厚。例如：

大保又奔了回来，在桥上又东张西望。

（洪深《五奎桥》）

……却因街道不熟，东问一个老头子，西问一个小孩儿，走了好些冤枉路。

（艾芜《人生哲学的一课》）

（四）接连使用一对反义词语来表明同一种现象，可以揭示这现象所包含的矛盾的两个方面，辩证而深刻地表达出意思。例如：

肖小小在姑娘面前好伟大哟！肖小小在姑娘面前好渺小哟！

（《小说月报》，1987，7，第16页）

咱们俩虽坐在一条舢板上，却是近在咫尺，远在天涯。

（《作品》，1987，7，第 50 页）

人睡着，却像醒着。人醒着，却像睡着。

（《小说月报》，1987，7，第 84 页）

有感觉就等于没有感觉，……

（《小说月报》，1987，7，第 84 页）

此外，运用一个反义词语，利用其有着相反对立的方面，可以构成修辞上的所谓“反话”或“反语”，使字面上的意思衬出同它相反的真意，产生强烈的讽刺性和诙谐感。如要表示的是某人相当奸滑，却说“这家伙可老实了”，要表示某个可恶的帝国主义分子，却说“这位可爱的洋大人”。表明真实意思的词虽然没有说出来，意思反而表达得生动有力。

13.2 有些论著和教本，提出一种所谓在一定上下文里的反义词。如认为在“谁要是只看见光明一面，不看见困难一面，谁就会不能很好地为实现党的任务而斗争”一句中，“光明”和“困难”构成反义词；在“我们的痈疽，是它们的宝贝”（鲁迅语）的说法里，“痈疽”和“宝贝”是一对反义词。[①] 甚至因有“热爱和平，反对战争”“不能等待和平，必须去争取和平”的说法，“热爱”和“反对”，“等待”和“争取”都相互有不调和的关系而成为反义词。[②] 这是把语言的“反义词语”用到修辞分析中去的情形，同修辞中使意思悬殊而对比强烈的言语修辞现象混淆了起来。其实“光明”和“困难”，“痈疽”和“宝贝”，

① 朱文献《反义对举的灵活性》，载《语文学习》1980 年第 5 期。

② 张拱贵《反义词及其在构词上和修辞上的作用》，载《中国语文》1957 年，第 8 期。

“热爱”和“反对”,“等待”和“争取”,不论在什么情形下都不彼此成为对方的反义词,只是用在一定的上下文中成为修辞手段,产生意思的悬殊对照,是言语里强烈对比的词罢了。

因此,为了明确反义词语在修辞中如何起作用及这种作用的范围,为了不模糊反义词语属于语言事实的性质及其自身赖以成立的条件,不能把一定上下文中由修辞造成的、成对意思强烈对比的词语,看作反义词语。

第四部分　同义词语和反义词语的关联

14. 同义词语和反义词语并不相反对立，而且彼此密切关联

14.1　同义词语和反义词语，在名称上容易使人觉得彼此处于两个对立的极点上，相互间有着相反的关系。其实，这两种由不同关系所决定的词语，彼此并没有相反对立的关联。

诚然，“同义现象和反义现象是逻辑性质极为不同的语义关系”。[①] 两种语义关系，不仅在逻辑性质上，而且在关系本身的内涵、条件及相应的关系项的组成等方面，都是极不相同的。由此决定了，同义词语和反义词语是差别很大的不同现象。但是这差别很大，并不成为相反的对立；因为同义词语和反义词语，或者同义关系和反义关系，不是共属同一范畴而彼此互不相容和对立统一的现象。

有的研究者站在另一端上看问题，从同义关系和反义关系的共同性来看同义词语和反义词语的关联，认为同义现象和反义现象都是有同有异，都只是一个义素有别，并无实质不

---

① John Lyons: Introduction to Theoretical Linguistics，第 407 页，剑桥大学出版，1968 年。

同。[1] 这样抹杀两种现象在性质内涵及表现形式上的极大不同，是难以令人同意的。同义词语和反义词语的关联，并不表现在二者有一些共同之处上。

14.2 这两种现象的关联，表现在彼此往往互相牵连、纠缠在一起。复杂的反义组中，一个对立方面包含的关系项只要不止一个，这些关系项就既是另一对立方面的反义词语，它们自身相互之间又必成为同义词语。建立在中心轴的同一意义不同维度上的复合反义组，任何一个对立方面若有不止一个关系项，这些关系项也必兼为（相反对立方面的）反义词语和（自身相互构成的）同义词语。例子在前面 10.1 节论述复杂的和复合的反义组时，实际上已列举过不少，这里不妨再举数例，以表明同义词语和反义词语如何交错叠合，如图 a—d：实线表明所连接的两项互为反义词语，虚线则表明所连接的项互为同义词语。在一个反义对立方面具有不止一个关系项时，不是其中任何一个关系项都必与对立方面所有的关系项互为反义词语，如“嫌恶”就不是“好”“爱好”“爱”“喜欢”的反义词。换一个角度说，一组同义词语，不见得每个成员都有同样的反义词语。因此，不仅有如上面（a）（b）（c）三例所示，由

（a）

（b）

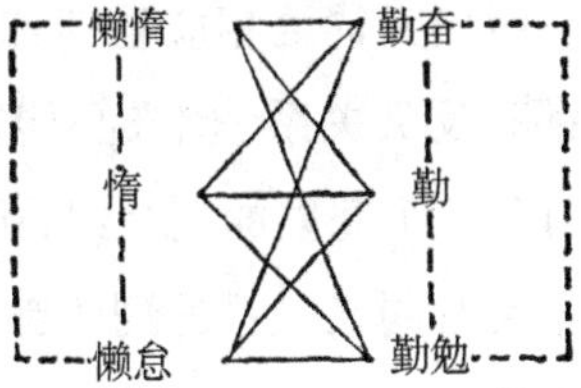

① 王德春《词汇学研究》，第 149 页，山东教育出版社，1983 年。

（c）

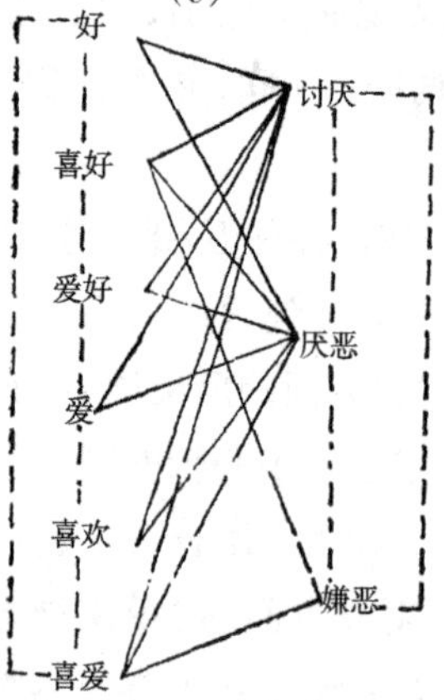

（d）

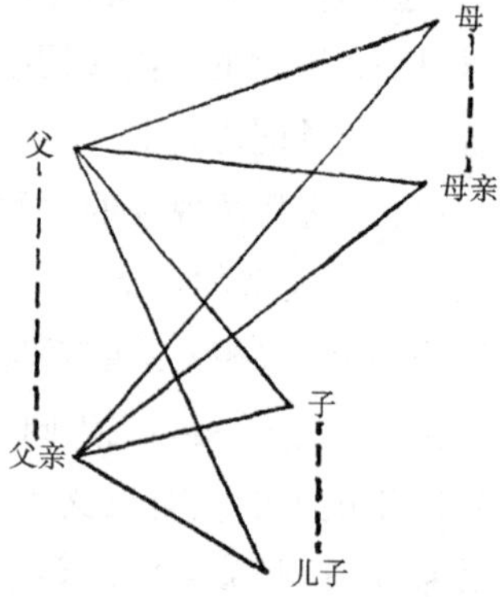

一个反义组套住若干个完整的同义组的情形，而且会有同义组一部分进入一个反义组，或者说，反义组占有若干个同义组的一部分的情形。如 143 页 d′、e：

可见，同义词语和反义词语的关联异常复杂，无处不纠结错合，形式上参差多样，远不是简单整齐的。分析或掌握一组同义词语，往往需要而且能够联系到同它们有反义关系的一系列词语；反之，揭示或掌握一组反义词语，也往往要联想到它的不同对立方面包含着什么样的同义词语。但是，未必能从一组同义词语相应看到其反义对立方面的词语同它们每一个都有反义关系，也未必能在反义组一个含有多项的对立方面看到一个完整的同义组；另外，又不能在任何时候都简单地把相互有同义关系的词语都看作某个词语或某组同义词语的反义单位。

（d）

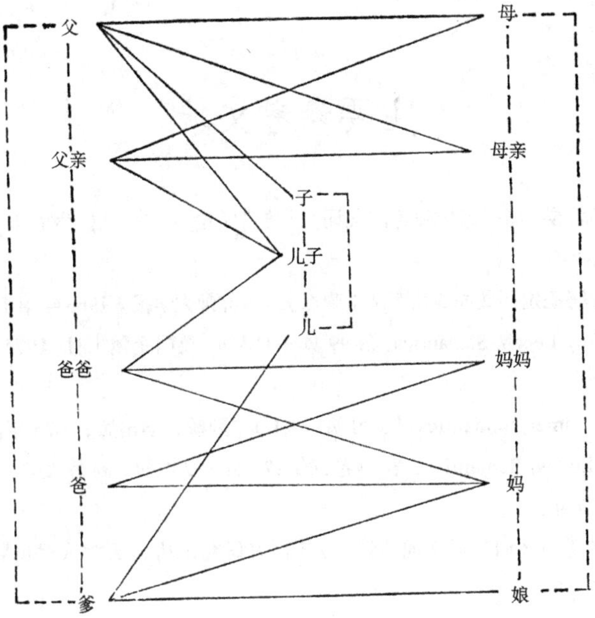

（e）

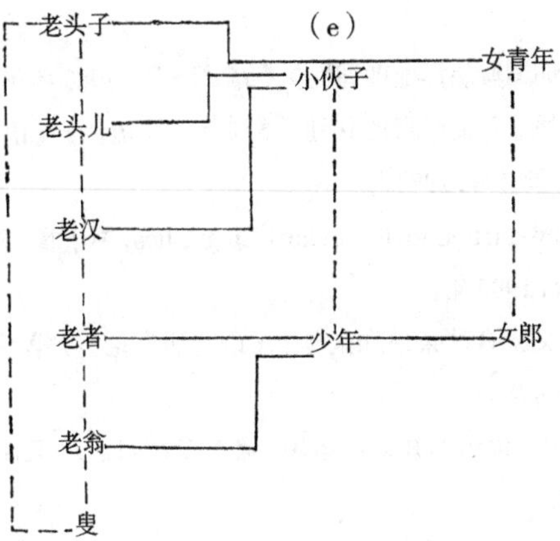

主要参考文献

王理嘉、侯学超《怎样确定同义词》,《语言学论丛》第5辑,商务印书馆,1963年。

张志毅《确定同义词的几个基本观点》,《吉林师大学报》1965年第1期。

Geoffrey Leech, Semantics, 第99页—117页, 英国企鹅书社, 1974年第1版。

F. R. Palmer, Semantics, 第80页—94页, 剑桥大学出版, 1976年。

John Lyons, Semantics, 第一卷, 第271页—283页, 剑桥大学出版, 1977年。

刘叔新《同义词和近义词的划分》,《语言研究论丛》,天津人民出版社,1980年。

John Lyons, Language and Linguistics, 第五章"意义", 剑桥大学出版, 1981年。

刘叔新《同义词词典怎样处理词性》,《辞书研究》1983年第3期。

石安石、詹人凤《反义词聚的共性、类别及不均衡性》,《语言学论丛》第10辑,商务印书馆,1983年。

John Lyons, Introduction to Theoretical Linguistics, 第十章"意义结构", 剑桥大学出版, 1986年。

刘叔新《论反义聚合的条件和范围》,《语言研究论丛》第5辑,南开大学出版社,1988年。

李行健、刘叔新《词语的知识和运用》第三章、第四章,天津人民出版社,1979年修订版。

刘叔新《略谈现代汉语同义词的特点》,《汉语学习》1984年第3期。

世晓、月明《同义词研究中的若干问题》,《语文导报》1986 年第 10 期。
刘叔新《汉语反义词语的类别和特点》,《世界汉语教学》1988 年第 3 期。
周荐《等义词语的性质和类别》,《天津师大学报》1988 年第 5 期。
刘叔新主编《现代汉语同义词词典》, 天津人民出版社, 1987 年。